Berggesetz

und

Bergwerkssteuer-Gesetz

für

Elsaß-Lothringen.

Vom 16. Dezember 1873.

Mit Erläuterungen

von

Dr. H. Brassert.

Separatabdruck aus der Zeitschrift für Bergrecht, Jahrgang XV Heft 1.

Bonn,

bei Adolph Marcus.

1874.

Die Reichsregierung hat für angemessen erachtet, die Reformen in der Gesetzgebung, welche in Elsaß-Lothringen noch durchzuführen waren, bevor dort mit dem 1. Januar 1874 die Verfassung des Deutschen Reiches in Wirksamkeit trat, auch auf den Bergbau auszudehnen. Am 16. Dezember 1873 ist nämlich für Elsaß-Lothringen ein neues Berggesetz und gleichzeitig ein Gesetz über die Besteuerung der Bergwerke erlassen worden, deren Publikation in Nr. 35 des Gesetzblattes von 1873 S. 397 bis 432 stattgefunden hat. Ohne Zweifel wird die Reichsregierung demnächst Veranlassung nehmen, die Gründe für dieses Vorgehen auf dem Gebiete des Bergrechts in der dem Reichstage vorzulegenden „Jahresübersicht über die in Elsaß-Lothringen erlassenen Gesetze und allgemeinen Anordnungen sowie über den Fortgang der Verwaltung“ näher darzulegen. Inzwischen ist auf das Bedürfniß einer solchen Reform schon im vorigen Jahrgange dieser Zeitschrift (Bd XIV S. 195 ff.) hingewiesen worden, und im Uebrigen war der Weg, welcher hierbei eingeschlagen werden mußte, bereits durch den neueren Entwickelungsgang der Berggesetzgebung in Deutschland so bestimmt vorgezeichnet, daß die Aufgabe sich in der That darauf beschränkte, die Vorschriften der beiden wesentlich übereinstimmenden Berggesetze für Preußen vom 24. Juni 1865 und für Bayern vom 20. März 1869 mit den durch die Verschiedenheit gewisser Verhältnisse gebotenen Modifikationen nach Elsaß-Lothringen zu übernehmen. Für die Steuerreform boten freilich die deutschen Berggesetze keine geeignete gemeinsame Grundlage dar; wohl aber mußte in dieser Beziehung die Richtung maßgebend sein, in welcher die Bergbautreibenden Frankreichs schon seit Jahren eine Erleichterung in den Bergwerkssteuern angestrebt hatten.

In dem nachfolgenden Abdrucke des Berggesetzes sind die theils sachlichen, theils nur formellen Abweichungen von dem preußischen Berggesetze, soweit dieselben aus dem Texte selbst hervorgehen, durch Antiquaschrift ersichtlich gemacht und außerdem die Zahlen der korrespondirenden Paragraphen jenes Gesetzes beigefügt. Aus den weiter unten folgenden Erläuterungen ergeben sich sodann auch die hauptsächlichen Unterschiede von dem bayerischen Berggesetze.

I. Berggesetz für Elsaß-Lothringen. Vom 16. Dezember 1873.

Wir Wilhelm, von Gottes Gnaden Deutscher Kaiser, König von Preußen ꝛc.
verordnen im Namen des Deutschen Reichs, nach erfolgter Zustimmung des Bundesraths, für Elsaß-Lothringen, was folgt:

Erster Titel.
Einleitende Bestimmungen.

§. 1. (§. 1.) Die nachstehend bezeichneten Mineralien sind von dem Verfügungsrechte des Grundeigenthümers ausgeschlossen.

Die Aufsuchung und Gewinnung derselben unterliegt den Vorschriften des gegenwärtigen Gesetzes.

Diese Mineralien sind:

Gold, Silber, Quecksilber, Eisen (mit der im §. 2 des gegenwärtigen Gesetzes angegebenen Beschränkung), Blei, Kupfer, Zinn, Zink, Kobalt, Nickel, Arsenik, Mangan, Antimon und Schwefel, gediegen und als Erze,

Alaun- und Vitriolerze,

Steinkohle, Braunkohle, Graphit und Bitumen,

Steinsalz nebst den mit demselben auf der nämlichen Lagerstätte vorkommenden Salzen und die Soolquellen.

§. 2. Der Tagebau auf Eisenerze steht dem Grundeigenthümer zu, vorausgesetzt, dass diese Gewinnung den unterirdischen Abbau der tiefer gelegenen Eisenerze aus bergtechnischen oder bergpolizeilichen Gründen nicht unmöglich macht (§. 189).

§. 3. (§. 2.) Der Erwerb und Betrieb von Bergwerken für Rechnung des Staates ist den Bestimmungen des gegenwärtigen Gesetzes ebenfalls unterworfen.

Zweiter Titel.

Von der Erwerbung des Bergwerkseigenthums.

Erster Abschnitt.

Vom Schürfen.

§. 4. (§. 3.) Die Aufsuchung der im §. 1 bezeichneten Mineralien auf ihren natürlichen Ablagerungen — das Schürfen — ist unter Befolgung der nachstehenden Vorschriften einem Jeden gestattet.

§. 5. (§. 4.) Auf öffentlichen Plätzen, Straßen und Eisenbahnen, sowie auf Friedhöfen ist das Schürfen unbedingt untersagt.

Auf anderen Grundstücken ist das Schürfen unstatthaft, wenn nach der Entscheidung der Bergbehörde überwiegende Gründe des öffentlichen Interesses entgegenstehen.

Unter Gebäuden und auf dazu gehörigen Grundstücken desselben Eigenthümers in einem Umkreise um erstere bis zu sechzig Meter, in Gärten und eingefriedigten Hofräumen darf nicht geschürft werden, es sei denn, daß der Grundbesitzer seine ausdrückliche Einwilligung hierzu ertheilt hat.

§. 6. (§. 5.) Wer zur Ausführung von Schürfarbeiten fremden Grund und Boden benutzen will, hat hierzu die Erlaubniß des Grundbesitzers nachzusuchen.

Mit Ausnahme der im §. 5 bezeichneten Fälle muß der Grundbesitzer, er sei Eigenthümer oder Nutzungsberechtigter, das Schürfen auf seinem Grund und Boden gestatten.

§. 7. (§§. 6, 7.) Der Schürfer ist verpflichtet, dem Grundbesitzer für die entzogene Nutzung jährlich im Voraus vollständige Entschädigung zu leisten und das Grundstück nach beendigter Benutzung zurückzugeben. Tritt durch die Benutzung eine Werthsverminderung des Grundstücks ein, so muss der Schürfer bei der Rückgabe den Minderwerth ersetzen. Für die Erfüllung dieser letzteren Verpflichtung kann der Grundbesitzer schon bei Abtretung des Grundstücks die Bestellung einer angemessenen Kaution von dem Schürfer verlangen. Auch ist der Eigenthümer des Grundstücks in diesem Falle zu fordern berechtigt, dass der Schürfer, statt den Minderwerth zu ersetzen, das Eigenthum des Grundstücks erwirbt.

§. 8. (§. 7.) Die dem Grundeigenthümer in den §§. 118 und 119 gegen den Bergwerksbesitzer eingeräumten Rechte stehen demselben auch gegen den Schürfer zu.

§. 9. (§. 8.) Kann der Schürfer sich mit dem Grundbesitzer über die Gestattung der Schürfarbeiten nicht gütlich einigen, so entscheidet die Bergbehörde durch einen Beschluß darüber, ob und unter welchen Bedingungen die Schürfarbeiten unternommen werden dürfen.

Die Bergbehörde darf die Ermächtigung nur in den Fällen des §. 5 versagen.

Dieselbe setzt beim Mangel einer Einigung unter den Betheiligten die Entschädigung und die Kaution (§. 7), vorbehaltlich des Rechtsweges, in Gelde fest.

Die Kosten des Verfahrens hat für die erste Instanz der Schürfer, für die Rekursinstanz der unterliegende Theil zu tragen.

§. 10. (§. 9). Durch Beschreitung des Rechtsweges wegen der Festsetzung der Entschädigung oder der Kaution wird der Beginn der Schürfarbeiten nicht aufgehalten, vorausgesetzt, daß die Entschädigung an den Berechtigten gezahlt oder bei verweigerter Annahme gerichtlich deponirt, desgleichen die gerichtliche Deposition der Kaution geschehen ist.

§. 11. (§. 10.) In den Feldern fremder Bergwerke darf nach denjenigen Mineralien geschürft werden, auf welche der Bergwerkseigenthümer Rechte noch nicht erworben hat.

Bedrohen jedoch solche Schürfarbeiten die Sicherheit der Baue oder den ungestörten Betrieb des Bergwerks, so hat die Bergbehörde dieselben zu untersagen.

Der Bergwerksbesitzer kann verlangen, daß der Schürfer ihm vor Beginn der Schürfarbeiten eine angemessene Kaution für die etwa zu leistende Entschädigung bestellt.

Auf diese Kaution finden die §§. 9 und 10 Anwendung.

§. 12. (§. 11.) Der Schürfer ist befugt, über die bei seinen Schürfarbeiten geförderten Mineralien (§. 1) zu verfügen, insofern nicht bereits Dritte Rechte auf dieselben erworben haben.

Hinsichtlich der Entrichtung der verhältnissmässigen Bergwerkssteuer kommen die für die Bergwerke maßgebenden Vorschriften zur Anwendung.

Zweiter Abschnitt.

Vom Muthen.

§. 13. (§. 12.) Das Gesuch um Verleihung des Bergwerkseigenthums in einem gewissen Felde — die Muthung — muß bei der Bergbehörde (§. 165) angebracht werden.

§. 14. (§. 13.) Die Muthung ist schriftlich in zwei gleichlautenden Exemplaren einzulegen.

Jedes Exemplar wird mit Tag und Stunde der Präsentation versehen und sodann ein Exemplar dem Muther zurückgegeben.

Es ist statthaft, die Muthung bei der zur Annahme derselben befugten Behörde zu Protokoll zu erklären.

§. 15. (§. 14.) Jede Muthung muß enthalten:

1) den Namen und Wohnort des Muthers,
2) die Bezeichnung des Minerals, auf welches die Verleihung des Bergwerkseigenthums verlangt wird,
3) die Bezeichnung des Fundpunktes,
4) den dem Bergwerke beizulegenden Namen.

Wird eine Muthung auf das Mineralvorkommen eines verlassenen Bergwerks eingelegt, so muß dieselbe statt des Erfordernisses unter 3 eine Angabe über die Lage dieses Bergwerks enthalten.

Fehlt der Muthung die eine oder andere dieser Angaben, so hat der Muther dem Mangel auf die Aufforderung der Bergbehörde innerhalb einer Woche abzuhelfen. Geschieht dies nicht, so ist die Muthung von Anfang an ungültig.

§. 16. (§. 15.) Die Gültigkeit einer Muthung ist dadurch bedingt, daß das in derselben bezeichnete Mineral an dem angegebenen Fundpunkte (§. 15) auf seiner natürlichen Ablagerung vor Einlegung der Muthung entdeckt worden ist und bei der amtlichen Untersuchung nachgewiesen wird, und daß außerdem nicht bessere Rechte Dritter auf den Fund entgegenstehen.

§. 17. (§. 16.) Wird eine Muthung auf das Mineralvorkommen eines verlassenen Bergwerks eingelegt (§. 15), so bedarf es zur Gültigkeit derselben keiner vorherigen neuen Aufschlüsse.

War jedoch das Mineral erwiesenermaßen bereits bei dem Verlassen des Bergwerks gänzlich abgebaut, so ist eine solche Muthung von Anfang an ungültig.

§. 18. (§. 17.) Der Muther hat die Lage und Größe des begehrten Feldes (§. 27), letztere nach Quadratmetern, anzugeben und einen von einem seitens der Oberbergbehörde als befähigt anerkannten Markscheider oder Feldmesser angefertigten Situationsriß im Masstabe von 1:10,000 und in zwei Exemplaren einzureichen, auf welchem der Fundpunkt, die Feldesgrenzen, die zur Orientirung erforderlichen Tagesgegenstände und der Meridian angegeben sein müssen.

§. 19. (§. 18.) Die Angabe der Lage und Größe des Feldes, sowie die Einreichung des Situationsrisses (§. 18) müssen binnen sechs Wochen nach Präsentation der Muthung bei der zur Annahme der Letzteren befugten Bergbehörde erfolgen.

Geschieht dies nicht, so ist die Muthung von Anfang an ungültig.

Unterläßt der Muther die Einreichung eines zweiten Exemplars des Situationsrisses, so kann die Bergbehörde dasselbe auf Kosten des Muthers anfertigen lassen.

§. 20. (§. 19.) Die Lage und Größe des begehrten Feldes können nur innerhalb der auf dem Situationsrisse (§. 18) angegebenen Grenzen abgeändert werden.

Gegen Muthungen Dritter ist das gesetzlich begehrte, auf dem Situationsrisse angegebene Feld einer Muthung für die Dauer ihrer Gültigkeit geschlossen.

Diese Wirkung tritt mit dem Zeitpunkte der Präsentation der Muthung ein und wird auf diesen Zeitpunkt auch dann zurückbezogen, wenn der Situationsriß erst später innerhalb der im §. 19 vorgeschriebenen Frist eingereicht worden ist.

§. 21. (§. 20.) Das Feld einer jeden Muthung wird von der Bergbehörde auf die Revier-Uebersichtskarte aufgetragen.

Die Einsicht dieser Karte ist einem Jeden gestattet.

§. 22. (§. 21.) Versuchsarbeiten, welche der Muther etwa noch vor der Verleihung ausführt, unterliegen denselben Vorschriften, wie die Arbeiten des Schürfers (§§. 4 bis 12.)

Dritter Abschnitt.

Vom Verleihen.

§. 23. (§§. 22, 23.) Die den gesetzlichen Erfordernissen entsprechende Muthung begründet einen Anspruch auf Verleihung des Bergwerkseigenthums in dem im §. 27 bestimmten Felde.

Dieser Anspruch kann jedoch auf dem Rechtswege nicht gegen die verleihende Bergbehörde, sondern nur gegen diejenigen Personen verfolgt werden, welche dem Muther die Behauptung eines besseren Rechts entgegensetzen.

§. 24. (§. 24.) Wer auf eigenem Grund und Boden oder in seinem eigenen Grubengebäude oder durch Schürfarbeiten, welche nach Vorschrift der §§. 4 bis 11 unternommen worden sind, ein Mineral (§. 1) auf seiner natürlichen Ablagerung entdeckt, hat als Finder das Vorrecht vor anderen, nach dem Zeitpunkte seines Fundes eingelegten Muthungen.

Der Finder muß jedoch innerhalb einer Woche nach Ablauf des Tages der Entdeckung Muthung einlegen, widrigenfalls sein Vorrecht erlischt.

§. 25. (§. 25.) In allen übrigen Fällen geht die ältere Muthung der jüngeren vor. Das Alter wird durch das Präsentatum der zur Annahme befugten Bergbehörde (§. 13) bestimmt.

§. 26. (§. 26.) Das Bergwerkseigenthum wird für Felder verliehen, welche, soweit die Oertlichkeit es gestattet, von geraden Linien an der Oberfläche und von senkrechten Ebenen in die ewige Teufe begrenzt werden.

Der Flächeninhalt der Felder ist nach der horizontalen Projektion in Quadratmetern festzustellen.

§. 27. (§. 27.) Der Muther hat das Recht, ein Feld bis zu 200 Hektaren zu verlangen.

In dieser Ausdehnung kann dem Felde jede beliebige, den Bedingungen des §. 26 entsprechende Form gegeben werden. Jedoch muß der Fundpunkt (§. 16), beziehungsweise der frühere Aufschluß des Mineralvorkommens eines verlassenen Bergwerks (§. 17) stets in dieses Feld eingeschlossen werden. Auch darf kein Punkt der Begrenzung mehr als 2000 Meter von dem Fundpunkte entfernt sein.

§. 28. (§. 28.) Ehe die Verleihung des Bergwerkseigenthums erfolgt, hat der Muther in einem vor der Bergbehörde anzusetzenden, ihm mindestens vierzehn Tage vorher bekannt zu machenden Termine seine Schlußerklärung über die Größe und Begrenzung des Feldes, sowie über etwaige Einsprüche und kollidirende Ansprüche Dritter abzugeben.

Auf den Antrag des Muthers kann der Termin verlegt, auch kann zur Fortsetzung des Verfahrens ein fernerer Termin angesetzt werden.

Erscheint der Muther im Termine nicht, so wird angenommen, derselbe beharre bei seinem Anspruche auf Verleihung des Bergwerkseigenthums in dem auf dem Situationsrisse (§. 18) angegebenen Felde und erwarte die Entscheidung der Bergbehörde über seinen Anspruch, sowie über die etwaigen Einsprüche und Ansprüche Dritter.

§. 29. (§. 29.) Zu dem Termine (§. 28) werden

1) diejenigen Muther, deren Rechte vermöge der Lage ihrer Fundpunkte oder Felder mit dem begehrten Felde bereits kollidiren oder doch in Kollision gerathen können,
2) die Vertreter der durch das begehrte Feld ganz oder theilweise überdeckten und der benachbarten Bergwerke

zur Wahrnehmung ihrer Rechte mit dem Eröffnen vorgeladen, daß im Falle ihres Ausbleibens die Bergbehörde lediglich nach Lage der Verhandlungen entscheiden werde.

§. 30. (§. 30.) Liegen Einsprüche und Kollisionen mit den Rechten Dritter nicht vor und findet sich auch sonst gegen die Anträge des Muthers gesetzlich nichts zu erinnern, so fertigt die Oberbergbehörde ohne Weiteres die Verleihungsurkunde aus.

§. 31. (§. 31.) Liegen Einsprüche oder Kollisionen mit den Rechten Dritter vor oder kann aus anderen gesetzlichen Gründen den Anträgen des Muthers gar nicht oder nicht in ihrem ganzen Umfange entsprochen werden, so entscheidet die Oberbergbehörde über die Ertheilung oder Versagung der Verleihung durch einen Beschluß, welcher dem Muther und den betheiligten Dritten in Ausfertigung zugestellt wird.

Einsprüche und Ansprüche, welche durch den Beschluß der Oberbergbehörde abgewiesen werden, müssen, insofern wegen derselben der Rechtsweg zulässig ist, binnen drei Monaten, vom Ablaufe des Tages, an welchem der Beschluß, beziehungsweise der Rekursbescheid (§. 168) zugestellt ist, durch gerichtliche Klage verfolgt werden.

Wer von dieser Frist keinen Gebrauch macht, ist seines etwaigen Rechts verlustig.

Die in dem Verleihungsverfahren durch unbegründete Einsprüche entstehenden Kosten hat der Widersprechende zu tragen.

§. 32. (§. 32.) Sind die der Verleihung entgegenstehenden Hindernisse (§. 31) durch die Entscheidung der Bergbehörde oder durch Richterspruch beseitigt, so fertigt die Oberbergbehörde die Verleihungsurkunde aus.

§. 33. (§. 33.) Bei Ausfertigung der Verleihungsurkunde werden die beiden Exemplare des Situationsrisses (§. 18) von der Oberbergbehörde beglaubigt, erforderlichen Falles aber vorher berichtigt und vervollständigt.

Das eine Exemplar des Risses erhält der Bergwerkseigenthümer, das andere wird bei der Bergbehörde aufbewahrt.

§. 34. (§. 34.) Die Verleihungsurkunde muß enthalten:

1) den Namen, Stand und Wohnort des Berechtigten,
2) den Namen des Bergwerks,
3) den Flächeninhalt und die Begrenzung des Feldes unter Verweisung auf den Situationsriß (§. 33),
4) den Namen der Gemeinde, des Kreises und des Bezirks, in welchem das Feld liegt,

5) die Benennung des Minerals oder der Mineralien, auf welche das Bergwerkseigenthum verliehen wird,

6) Datum der Urkunde,

7) Siegel und Unterschrift der Oberbergbehörde.

§. 35. (§. 35.) Die Verleihungsurkunde ist binnen sechs Wochen nach der Ausfertigung durch das Amtsblatt des Bezirks, in welchem das Bergwerk liegt, unter Verweisung auf diesen und den folgenden Paragraphen zur öffentlichen Kenntniß zu bringen.

Muther, welche auf das in der Bekanntmachung bezeichnete Feld oder auf Theile desselben ein Vorzugsrecht zu haben glauben, können dieses Recht, insofern über dasselbe nicht bereits in dem Verleihungsverfahren verhandelt und in dem Beschlusse der Oberbergbehörde (§. 31) entschieden worden ist, noch binnen drei Monaten vom Ablaufe des Tages, an welchem das die Bekanntmachung enthaltende Amtsblatt ausgegeben worden ist, durch gerichtliche Klage gegen den Bergwerkseigenthümer verfolgen.

Wer von dieser Frist keinen Gebrauch macht, ist seines etwaigen Vorzugsrechts verlustig.

Wird das Vorzugsrecht des Widersprechenden durch Richterspruch anerkannt, so hat die Oberbergbehörde die Verleihungsurkunde je nach Lage des Falles gänzlich aufzuheben oder abzuändern.

§. 36. (§. 36.) Der §. 35 findet auch auf solche Bergwerkseigenthümer Anwendung, welche nach §. 45 ein Vorzugsrecht auf die in der publizirten Verleihungsurkunde bezeichneten Mineralien zu haben glauben, insofern dieses Recht nach §. 45 nicht schon erloschen, auch über dasselbe nicht bereits in dem Verleihungsverfahren verhandelt und in dem Beschlusse der Oberbergbehörde (§. 31) entschieden worden ist.

Im Uebrigen werden die Rechte des verliehenen Bergwerkseigenthums durch die Aufforderung und Präklusion des §. 35 nicht betroffen.

§. 37. (§. 37.) Während der dreimonatlichen Frist des §. 35 ist die Einsicht des Situationsrisses (§. 33) bei der Bergbehörde einem Jeden gestattet.

§. 38. (§. 38.) Die Kosten des Verleihungsverfahrens hat mit Ausschluß der durch unbegründete Einsprüche entstandenen (§. 31) der Muther zu tragen.

Vierter Abschnitt.

Vom Vermessen.

§. 39. (§. 39.) Der Bergwerkseigenthümer ist befugt, die amtliche Vermessung und Verlochsteinung des durch die Verleihungsurkunde bestimmten Feldes zu verlangen.

Dieselbe Befugniß steht den Eigenthümern angrenzender Bergwerke zu.

Dieses Geschäft wird unter Leitung der Bergbehörde durch einen von der Oberbergbehörde als befähigt anerkannten Markscheider oder Feldmesser ausgeführt.

Die Kosten hat der Antragsteller zu tragen.

§. 40. (§. 40.) Zu der Vermessung und Verlochsteinung werden außer dem Bergwerkseigenthümer die Vertreter der angrenzenden Bergwerke und die Besitzer derjenigen Grundstücke, auf welchen Lochsteine zu setzen sind, zugezogen.

Die Grundbesitzer sind verpflichtet, das Betreten ihrer Grundstücke und das Setzen der Lochsteine gegen vollständigen Ersatz des Schadens zu gestatten.

Dritter Titel.

Von dem Bergwerkseigenthume.

Erster Abschnitt.

Von dem Bergwerkseigenthume im Allgemeinen.

§. 41. (§. 50.) Das durch die Verleihungsurkunde begründete Bergwerkseigenthum gehört zu den unbeweglichen Sachen.

§. 42. (§. 52.) Auf das Bergwerkseigenthum finden hinsichtlich der Veräußerung, der Verpfändung und des Arrestes, sowie der Privilegien die allgemeinen gesetzlichen Vorschriften Anwendung, welche in dieser Beziehung für das Grundeigenthum gelten.

Wegen übermäßiger Verletzung können Verträge über Veräußerung von Bergwerken nicht angefochten werden.

§. 43. (§§. 53, 249.) Die allgemeinen gesetzlichen Vorschriften über die Führung der Hypothekenregister, die Subhastation, den Konkurs und die Rangordnung der Gläubiger sind auch für das Bergwerkseigenthum maßgebend.

Bei den auf Grund des sechsten Titels des gegenwärtigen Gesetzes einzuleitenden Subhastationen bleiben jedoch die §§. 2

und 3 des Gesetzes über den Zwangsverkauf von Liegenschaften vom 1. Dezember 1873 ausser Anwendung.

Den Bergleuten wird in Beziehung auf die Rückstände aus dem letzten Jahre an Lohn und anderen Emolumenten das Privilegium des Artikels 2101 Nr. 4 des Code civil beigelegt.

§. 44. (§. 54.) Der Bergwerkseigenthümer hat die ausschließliche Befugniß, nach den Bestimmungen des gegenwärtigen Gesetzes das in der Verleihungsurkunde benannte Mineral in seinem Felde aufzusuchen und zu gewinnen, sowie alle hierzu erforderlichen Vorrichtungen unter und über Tage zu treffen.

Diese Befugniß erstreckt sich auch auf die innerhalb des Feldes befindlichen Halden eines früheren Bergbaues.

§. 45. (§. 55.) Auf Mineralien, welche mit dem in der Verleihungsurkunde benannten Mineral innerhalb der Grenzen des Feldes in einem solchen Zusammenhange vorkommen, daß dieselben nach der Entscheidung der Bergbehörde aus bergtechnischen oder bergpolizeilichen Gründen gemeinschaftlich gewonnen werden müssen, hat der Bergwerkseigenthümer in seinem Felde vor jedem Dritten ein Vorrecht zum Muthen.

Legt ein Dritter auf solche Mineralien Muthung ein, so wird dieselbe dem Bergwerkseigenthümer mitgetheilt. Letzterer muß alsdann binnen vier Wochen nach Ablauf des Tages dieser Mittheilung Muthung einlegen, widrigenfalls sein Vorrecht erlischt.

Auf andere Mineralien, welche nicht in dem vorbezeichneten Zusammenhange vorkommen, hat der Bergwerkseigenthümer kein Vorrecht.

§. 46. (§. 56.) Steht das Recht zur Gewinnung verschiedener Mineralien innerhalb derselben Feldesgrenzen verschiedenen Bergwerkseigenthümern zu, so hat jeder Theil das Recht, bei einer planmäßigen Gewinnung seines Minerals auch dasjenige des anderen Theils insoweit mit zu gewinnen, als diese Mineralien nach der Entscheidung der Bergbehörde aus den im §. 45 angegebenen Gründen nicht getrennt gewonnen werden können.

Die mitgewonnenen, dem anderen Theile zustehenden Mineralien müssen jedoch dem Letzteren auf sein Verlangen gegen Erstattung der Gewinnungs- und Förderungskosten herausgegeben werden.

§. 47. (§. 57.) Der Bergwerkseigenthümer ist befugt, die durch den Betrieb des Bergwerks gewonnenen, nicht unter den §. 1 gehörigen Mineralien zu Zwecken seines Betriebes ohne Entschädigung des Grundeigenthümers zu verwenden.

Soweit diese Verwendung nicht erfolgt, ist der Bergwerkseigenthümer verpflichtet, die bezeichneten Mineralien dem Grundeigenthümer auf sein Verlangen gegen Erstattung der Gewinnungs- und Förderungskosten herauszugeben.

§. 48. (§. 58.) Dem Bergwerkseigenthümer steht die Befugniß zu, die zur Aufbereitung seiner Bergwerkserzeugnisse erforderlichen Anstalten zu errichten und zu betreiben.

§. 49. (§. 60.) Der Bergwerkseigenthümer ist befugt, im freien Felde Hülfsbaue anzulegen.

Dieselbe Befugniß steht ihm im Felde anderer Bergwerksbesitzer zu, sofern die Hülfsbaue die Wasser- und Wetterlösung oder den vortheilhafteren Betrieb des Bergwerks, für welches die Anlage gemacht werden soll, bezwecken und der eigene Bergbau des Anderen dadurch weder gestört noch gefährdet wird.

Der Hülfsbau ist Zubehör des berechtigten Bergwerks, beziehungsweise der berechtigten Bergwerke, wenn die Eigenthümer zweier oder mehrerer Bergwerke sich zur gemeinschaftlichen Anlage eines Hülfsbaues vereinigt und keine anderweitige Vereinbarung getroffen haben.

§. 50. (§. 61.) Bestreitet der Bergwerkseigenthümer, in dessen Felde ein Hülfsbau angelegt werden soll, seine Verpflichtung zur Gestattung desselben, so entscheidet hierüber die Bergbehörde mit Ausschluß des Rechtsweges.

§. 51. (§. 62.) Wird ein Hülfsbau in dem Felde eines anderen Bergwerkseigenthümers angelegt, so muß der Hülfsbauberechtigte für allen Schaden, welcher dem belasteten Bergwerke durch seine Anlage zugefügt wird, vollständige Entschädigung leisten.

§. 52. (§. 63.) Die bei Ausführung eines Hülfsbaues im freien Felde gewonnenen Mineralien (§. 1) werden als Theil der Förderung des durch den Hülfsbau zu lösenden Bergwerks behandelt.

Werden bei Ausführung eines Hülfsbaues im Felde eines anderen Bergwerkseigenthümers Mineralien gewonnen, auf welche der Letztere berechtigt ist, so müssen diese Mineralien demselben auf sein Verlangen unentgeltlich herausgegeben werden.

§. 53. (§. 64.) Der Bergwerkseigenthümer hat die Befugniß, die Abtretung des zu seinen bergbaulichen Zwecken (§§. 44 bis 49) erforderlichen Grund und Bodens nach näherer Vorschrift des fünften Titels zu verlangen.

Zweiter Abschnitt.

Von der Konsolidation, der Feldestheilung und dem Feldesaustausch.

§. 54. (§. 41.) Die Vereinigung zweier oder mehrerer Bergwerke zu einem einheitlichen Ganzen — Konsolidation — unterliegt der Bestätigung der Oberbergbehörde (§. 57).

§. 55. (§. 42.) Zur Konsolidation ist erforderlich:

1) ein notariell beglaubigter Konsolidationsakt — je nach Beschaffenheit des Falles ein Vertrag oder Beschluß der Mitbetheiligten oder eine Erklärung des Alleineigenthümers,
2) ein von einem seitens der Oberbergbehörde als befähigt anerkannten Markscheider oder Feldmesser in zwei Exemplaren angefertigter Situationsriß des ganzen Feldes,
3) die Angabe des dem konsolidirten Bergwerke beigelegten Namens.

§. 56. (§. 43.) Für den Fall, daß auf den einzelnen zu konsolidirenden Bergwerken Privilegien, Hypotheken oder andere Realrechte haften, muß außer dem Konsolidationsakte eine mit den Berechtigten vereinbarte Bestimmung darüber beigebracht werden, daß und in welcher Rangordnung die Rechte derselben auf das konsolidirte Werk als Ganzes übergehen sollen.

§. 57. (§. 49.) Sind privilegirte Gläubiger, Hypothekengläubiger und andere Realberechtigte nicht vorhanden, oder ist die im §. 56 bezeichnete Vereinbarung beigebracht, so entscheidet die Oberbergbehörde über die Bestätigung der Konsolidation.

Die Bestätigung darf nur versagt werden, wenn die Felder der einzelnen Bergwerke nicht an einander grenzen oder wenn Gründe des öffentlichen Interesses entgegenstehen.

Der Bestätigungsurkunde werden die Verleihungsurkunden der einzelnen Bergwerke beigefügt.

Hinsichtlich der Beglaubigung, Aushändigung und Aufbewahrung der Risse finden die Bestimmungen des §. 33 Anwendung.

§. 58. (§. 51.) Die reale Theilung des Feldes eines Bergwerks in selbstständige Felder, sowie der Austausch von Feldestheilen zwischen angrenzenden Bergwerken unterliegt der Bestätigung der Oberbergbehörde.

Für den Fall, daß auf den betreffenden Bergwerken Privilegien, Hypotheken oder andere Realrechte haften, muß die Zustimmung der Berechtigten zu der Feldestheilung oder dem Feldesaustausch beigebracht werden.

Die Bestätigung darf nur versagt werden, wenn überwiegende Gründe des öffentlichen Interesses entgegenstehen.

Dieselbe wird unter Beobachtung des Verfahrens ertheilt, welches sich aus der Anwendung der §§. 55 und 57 auf die vorstehenden Fälle ergiebt.

Bei dem Austausche von Feldestheilen geht das Recht der erwähnten Gläubiger und anderen Realberechtigten mit der Bestätigung der Bergbehörde ohne Weiteres auf den zu dem belasteten Bergwerke hinzutretenden Feldestheil über, wogegen der abgetretene Feldestheil von der dinglichen Belastung befreit wird.

Dritter Abschnitt.

Von dem Betriebe und der Verwaltung.

§. 59. (§. 65.) Der Bergwerksbesitzer ist verpflichtet, das Bergwerk zu betreiben, wenn der Unterlassung oder Einstellung des Betriebes nach der Entscheidung der Bergbehörde überwiegende Gründe des öffentlichen Interesses entgegenstehen.

Die Bergbehörde hat in diesem Falle die Befugniß, den Eigenthümer, nach Vernehmung desselben, zur Inbetriebsetzung des Bergwerks oder zur Fortsetzung des unterbrochenen Betriebes binnen einer Frist von sechs Monaten aufzufordern und für den Fall der Nichtbefolgung dieser Aufforderung die Entziehung des Bergwerkseigenthums nach Maßgabe des sechsten Titels anzudrohen.

§. 60. (§. 66.) Der Bergwerksbesitzer ist verpflichtet, der Bergbehörde von der beabsichtigten Inbetriebsetzung des Bergwerks mindestens vier Wochen vorher Anzeige zu machen.

§. 61. (§. 67.) Der Betrieb darf nur auf Grund eines Betriebsplans geführt werden.

Derselbe unterliegt der Prüfung durch die Bergbehörde und muß der Letzteren zu diesem Zwecke vor der Ausführung vorgelegt werden.

Die Prüfung hat sich auf die im §. 172 festgestellten polizeilichen Gesichtspunkte zu beschränken.

§. 62. (§. 68.) Erhebt die Bergbehörde nicht binnen vierzehn Tagen nach Vorlegung des Betriebsplans Einspruch gegen denselben, so ist der Bergwerksbesitzer zur Ausführung befugt.

Wird dagegen innerhalb dieser Frist Einspruch von der Bergbehörde erhoben, so ist der Bergwerksbesitzer gleichzeitig zur Erörterung der beanstandeten Betriebsbestimmungen zu einem Termine vorzuladen.

Insoweit auf diesem Wege keine Verständigung erzielt wird, hat die Bergbehörde diejenigen Abänderungen des Betriebsplans, ohne welche derselbe nicht zur Ausführung gebracht werden darf, durch einen Beschluß festzusetzen.

§. 63. (§. 69.) Die §§. 61 und 62 finden auch auf die späteren Abänderungen der Betriebspläne Anwendung.

Werden jedoch in Folge unvorhergesehener Ereignisse sofortige Abänderungen eines Betriebsplans erforderlich, so genügt es, wenn dieselben binnen der nächsten vierzehn Tage der Bergbehörde durch den Betriebsführer angezeigt werden.

§. 64. (§. 70.) Wird ein Betrieb den Vorschriften der §§. 61 bis 63 zuwider geführt, so ist die Bergbehörde befugt, nöthigenfalls einen solchen Betrieb einzustellen.

§. 65. (§. 71.) Will der Bergwerksbesitzer den Betrieb des Bergwerks einstellen, so hat derselbe der Bergbehörde hiervon mindestens vier Wochen vorher Anzeige zu machen.

Muß der Betrieb in Folge unvorhergesehener Ereignisse schon in kürzerer Frist oder sofort eingestellt werden, so ist die Anzeige binnen längstens vierzehn Tagen nach erfolgter Betriebseinstellung nachzuholen.

§. 66. (§. 72.) Der Bergwerksbesitzer hat auf seine Kosten ein Grubenbild in zwei Exemplaren durch einen von der Oberbergbehörde als befähigt anerkannten Markscheider oder Werksbeamten anfertigen und regelmäßig nachtragen zu lassen.

In welchen Zeitabschnitten die Nachtragung stattfinden muß, wird durch die Oberbergbehörde vorgeschrieben.

Das eine Exemplar des Grubenbildes ist an die Bergbehörde zum Gebrauche derselben abzuliefern, das andere auf dem Bergwerke oder, falls es daselbst an einem geeigneten Orte fehlt, bei dem Betriebsführer aufzubewahren.

§. 67. (§. 73.) Der Betrieb darf nur unter Leitung, Aufsicht und Verantwortlichkeit von Personen geführt werden, deren Befähigung hierzu anerkannt ist.

§. 68. (§. 74.) Der Bergwerksbesitzer hat die zur Leitung und Beaufsichtigung des Betriebes angenommenen Personen, wie Betriebsführer, Steiger, technische Aufseher ꝛc., der Bergbehörde namhaft zu machen.

Diese Personen sind verpflichtet, ihre Befähigung zu den ihnen zu übertragenden Geschäften nachzuweisen und sich zu diesem Zwecke auf Erfordern einer Prüfung durch die Bergbehörde zu unterwerfen.

Erst nachdem letztere die Befähigung anerkannt hat, dürfen die genannten Personen die ihnen übertragenen Geschäfte übernehmen.

§. 69. (§. 75.) Wird der Betrieb von einer Person geleitet oder beaufsichtigt, welche das erforderliche Anerkenntniß ihrer Befähigung (§. 68) nicht besitzt, oder welche diese Befähigung wieder verloren hat, so ist die Bergbehörde befugt, die sofortige Entfernung derselben zu verlangen und nöthigenfalls den in Betracht kommenden Betrieb so lange einzustellen, bis eine als befähigt anerkannte Person angenommen ist.

§. 70. (§. 76.) Die Personen, welche die Leitung oder Beaufsichtigung des Betriebes übernommen haben, sind für die Innehaltung der Betriebspläne, sowie für die Befolgung aller im Gesetze enthaltenen oder auf Grund desselben ergangenen Vorschriften und Anordnungen verantwortlich.

§. 71. (§. 77.) Dieselben sind verpflichtet, die Bergbeamten, welche im Dienste das Bergwerk befahren, zu begleiten und denselben auf Erfordern Auskunft über den Betrieb zu geben.

§. 72. (§. 78.) Der Bergwerksbesitzer muß den mit Fahrscheinen der Oberbergbehörde versehenen Personen, welche sich dem Bergfache gewidmet haben, zum Zwecke ihrer Ausbildung die Befahrung und Besichtigung des Werkes gestatten.

§. 73. (§. 79.) Der Bergwerksbesitzer ist verpflichtet, in den dafür festgesetzten Zeiträumen und Formen der Bergbehörde die vorgeschriebenen statistischen Nachrichten einzureichen.

§. 74. (§. 80 Abs. 2.) Erlassen die Bergwerksbesitzer Arbeitsordnungen für ihre Werke, so müssen dieselben gleichzeitig mit der Bekanntmachung auf dem Werke zur Kenntniß der Bergbehörde gebracht werden.

Vierter Titel.

Von den Rechtsverhältnissen der Mitbetheiligten eines Bergwerks.

§. 75. (§. 94.) Zwei oder mehrere Mitbetheiligte eines Bergwerks bilden eine Gewerkschaft.

Die Gewerkschaft kann ihre besondere Verfassung durch ein notariell zu errichtendes Statut regeln, welches der Zustimmung von wenigstens drei Viertheilen aller Antheile und der Bestätigung der Oberbergbehörde bedarf.

Die Bestimmungen der §§. 76 bis 90, 94 Absatz 2 und 103 bis 108 dürfen durch das Statut nicht abgeändert werden.

§. 76. (§. 95.) Die Gewerkschaft führt den Namen des Bergwerks, sofern sie nicht in dem Statut einen anderen Namen gewählt hat.

§. 77. (§. 96.) Die Gewerkschaft kann unter ihrem Namen Rechte erwerben und Verbindlichkeiten eingehen, Eigenthum und andere dingliche Rechte an Bergwerken und Grundstücken erwerben, vor Gericht klagen und verklagt werden.

Ihr allgemeiner Gerichtsstand ist bei dem ordentlichen Gerichte, in dessen Bezirk das Bergwerk liegt.

§. 78. (§. 98.) Das Bergwerk kann nur von der Gewerkschaft und nur als Ganzes mit Hypotheken und dinglichen Lasten beschwert werden.

§. 79. (§. 99.) Für die Verbindlichkeiten der Gewerkschaft haftet nur das Vermögen derselben.

§. 80. (§. 100.) Durch das Ausscheiden einzelner Mitglieder — Gewerken — wird die Gewerkschaft nicht aufgelöst. Auch können einzelne Gewerken nicht auf Theilung klagen.

§. 81. (§. 101.) Die Zahl der gewerkschaftlichen Antheile — Kuxe — beträgt hundert.

Durch das Statut kann die Zahl auf tausend bestimmt werden.

Die Kuxe sind untheilbar. Sie haben die Eigenschaft der beweglichen Sachen.

§. 82. (§. 102.) Die Gewerken nehmen nach dem Verhältniß ihrer Kuxe an dem Gewinne und Verluste Theil.

Sie sind verpflichtet, die Beiträge, welche zur Erfüllung der Schuldverbindlichkeiten der Gewerkschaft und zum Betriebe erforderlich sind, nach Verhältniß ihrer Kuxe zu zahlen (§§. 109, 110).

§. 83. (§. 103.) Ueber sämmtliche Mitglieder der Gewerkschaft und deren Kuxe wird von der Gewerkschaft ein Verzeichniß — das Gewerkenbuch — geführt. Auf Grund desselben wird einem jeden Gewerken, welcher es verlangt, ein Antheilschein — Kuxschein — ausgefertigt.

Die Kuxscheine sind nach der Wahl des Gewerken über die einzelnen Kuxe oder über eine Mehrheit derselben auszustellen.

Die Kuxscheine dürfen nur auf einen bestimmten Namen, niemals auf den Inhaber lauten.

Die Erneuerung eines Kuxscheins ist nur gegen Rückgabe oder nach erfolgter Amortisation desselben zulässig.

§. 84. (§. 104.) Die Kuxe können ohne Einwilligung der Mitgewerken auf andere Personen übertragen werden.

Ein gesetzliches Vorkaufsrecht steht den Mitgewerken nicht zu.

§. 85. (§. 105.) Zur Uebertragung der Kuxe ist die schriftliche Form erforderlich.

Der Uebertragende ist zur Aushändigung des Kuxscheins und, wenn dieser verloren ist, zur Beschaffung der Amortisationserklärung auf seine Kosten verpflichtet.

Die Umschreibung im Gewerkenbuche darf nur auf Grund der Uebertragungsurkunde und gegen Vorlegung des Kuxscheins oder der Amortisationserklärung erfolgen.

§. 86. (§. 106.) Wer im Gewerkenbuche als Eigenthümer der Kuxe verzeichnet ist, wird der Gewerkschaft gegenüber bei Ausübung seiner Rechte als solcher angesehen.

§. 87. (§. 107.) Bei freiwilligen Veräußerungen von Kuxen bleibt der seitherige Eigenthümer derselben der Gewerkschaft für die Beiträge (§. 82) verpflichtet, deren Erhebung die Gewerkschaft beschlossen hat, bevor die Umschreibung der Kuxe im Gewerkenbuche gesetzlich (§. 85) beantragt ist.

§. 88. (§. 108.) Die Verpfändung der Kuxe geschieht durch Uebergabe des Kuxscheins auf Grund eines schriftlichen Vertrages.

§. 89. (§. 109.) Die Exekution in den Antheil eines Gewerken wird durch Abpfändung seines Kuxscheins und Verkauf desselben im Wege der Mobiliarversteigerung vollstreckt.

§. 90. (§. 110.) Die Amortisation eines verloren gegangenen Kuxscheins ist bei dem ordentlichen Gerichte, in dessen Bezirk das Bergwerk liegt, zu beantragen.

Der Antragsteller muß den Besitz und Verlust des Kuxscheins glaubhaft machen.

Das Gericht erläßt eine öffentliche Aufforderung an den unbekannten Inhaber des Kuxscheins, binnen drei Monaten den Kuxschein dem Gerichte vorzulegen, mit der Verwarnung, daß sonst der Kuxschein werde für kraftlos erklärt werden.

Die Aufforderung wird dreimal in das Bezirksamtsblatt und zwei andere öffentliche Blätter eingerückt. Es kann daneben auch die Bekanntmachung durch eine ausländische Zeitung angeordnet werden.

Wird von einem Inhaber der Kuxschein vorgelegt, so ist dem

Antragsteller hiervon Kenntniß zu geben und ihm zu überlassen, sein Recht gegen den Inhaber geltend zu machen.

Meldet sich Niemand, so erklärt das Gericht den Kuxschein für kraftlos.

§. 91. (§. 111.) Die Gewerken fassen ihre Beschlüsse in Gewerkenversammlungen.

Das Stimmrecht wird nach Kuxen, nicht nach Personen ausgeübt.

§. 92. (§. 112.) Zur Gültigkeit eines Beschlusses ist erforderlich, daß alle Gewerken anwesend oder unter Angabe des zu verhandelnden Gegenstandes zu einer Versammlung eingeladen waren.

Einladungen durch die Post erfolgen gegen Post-Insinuationsschein.

Gewerken, welche ausserhalb des Deutschen Reiches wohnen, haben zur Empfangnahme der Einladungen einen Bevollmächtigten in Elsass-Lothringen zu bestellen. Ist dies nicht geschehen, so reicht ein vierzehntägiger Aushang am Amtslokale der Bergbehörde aus.

Dasselbe gilt bei Gewerken, deren Wohnort unbekannt ist.

§. 93. (§. 113.) Die Beschlüsse werden in der beschlußfähigen Gewerkenversammlung mit einfacher Stimmenmehrheit gefaßt.

Beschlußfähig ist die erste Versammlung, wenn die Mehrheit aller Kuxe vertreten ist.

Ist die Mehrheit aller Kuxe nicht vertreten, so sind sämmtliche Gewerken zu einer zweiten Versammlung einzuladen.

Die zweite Versammlung ist ohne Rücksicht auf die Zahl der vertretenen Kuxe beschlußfähig. Diese Folge muß indeß, wenn sie eintreten soll, in der Einladung angegeben werden.

Ueber jede Gewerkenversammlung ist ein Protokoll aufzunehmen.

§. 94. (§. 114.) Eine Mehrheit von wenigstens drei Viertheilen aller Kuxe ist erforderlich zu Beschlüssen, durch welche über den Gegenstand der Verleihung — Substanz des Bergwerks — ganz oder theilweise verfügt werden soll. Dies gilt insbesondere von den Fällen des Verkaufes, des Tausches, der Verpfändung oder der sonstigen dinglichen Belastung des Bergwerks, sowie der Ueberlassung der Ausbeutung gegen Entgelt (Verpachtung).

Zu Verfügungen über das verliehene Bergwerkseigenthum durch Verzicht oder Schenkung ist Einstimmigkeit erforderlich.

§. 95. (§. 115.) Binnen einer Präklusivfrist von vier Wochen vom Ablaufe des Tages, an welchem ein Gewerkschaftsbeschluß gefaßt ist, kann jeder Gewerke die Entscheidung des ordentlichen Richters, in dessen Bezirk das Bergwerk liegt, darüber, ob der Beschluß zum Besten der Gewerkschaft gereiche, anrufen und gegen die Gewerkschaft auf Aufhebung des Beschlusses klagen.

Durch das Statut kann bestimmt werden, daß die Entscheidung dieser Frage in Streitfällen durch ein Schiedsgericht erfolgen, wie das Schiedsgericht gebildet und unter welchen Formen von demselben verfahren werden soll.

Diese Bestimmungen finden auf einen in Gemäßheit des §. 75 gefaßten Beschluß keine Anwendung.

§. 96. (§. 116.) Durch die Anstellung der Klage auf Aufhebung des Gewerkschaftsbeschlusses wird die Ausführung desselben nicht aufgehalten.

Wird der Beschluß aufgehoben, so verliert derselbe erst von der Rechtskraft der richterlichen Enscheidung an seine rechtliche Wirksamkeit.

Diese Bestimmungen finden keine Anwendung, wenn der Beschluß die im §. 100 bezeichneten Gegenstände betrifft.

§. 97. (§. 117.) Jede Gewerkschaft ist verpflichtet, einen in Elsass-Lothringen wohnenden Repräsentanten zu bestellen und der Bergbehörde namhaft zu machen.

Statt eines einzelnen Repräsentanten kann die Gewerkschaft jedoch einen aus zwei oder mehreren Personen bestehenden Grubenvorstand bestellen.

Als Repräsentanten oder Mitglieder des Grubenvorstandes können auch Personen bestellt werden, welche nicht Gewerken sind.

§. 98. (§. 118.) Die Wahl erfolgt in einer nach §. 93 beschlußfähigen Versammlung durch absolute Stimmenmehrheit. Ist eine solche bei der ersten Abstimmung nicht vorhanden, so werden diejenigen beiden Personen, welche die meisten Stimmen erhalten haben, in die engere Wahl gebracht. Bei Stimmengleichheit entscheidet das Loos.

Bei Ausmittelung der in die engere Wahl zu bringenden zwei Personen entscheidet im Falle der Stimmengleichheit ebenfalls das Loos.

Das Protokoll über die Wahlverhandlung ist notariell aufzunehmen. Eine Ausfertigung desselben wird dem Repräsentanten oder dem Grubenvorstande zu seiner Legitimation ertheilt.

§. 99. (§. 119.) Der Repräsentant oder Grubenvorstand vertritt die Gewerkschaft in allen ihren Angelegenheiten gerichtlich und außergerichtlich.

Eine Spezialvollmacht ist nur in den im §. 100 bezeichneten Fällen erforderlich.

Eide Namens der Gewerkschaft werden durch ihn geleistet.

Beschränkt oder erweitert die Gewerkenversammlung die Befugnisse des Repräsentanten oder Grubenvorstandes, so müssen die betreffenden Festsetzungen in die Legitimation (§. 98) aufgenommen werden.

§. 100. (§. 120.) Der Repräsentant oder Grubenvorstand bedarf eines besonderen Auftrages der Gewerkenversammlung,

1) wenn es sich um Gegenstände handelt, welche nur von einer Mehrheit von wenigstens drei Viertheilen aller Kuxe oder nur mit Einstimmigkeit beschlossen werden können;
2) wenn Beiträge von den Gewerken erhoben werden sollen.

§. 101. (§. 121.) Der Repräsentant oder Grubenvorstand führt das Gewerkenbuch und fertigt die Kuxscheine aus (§. 83).

Er ist verpflichtet, für die Führung der übrigen erforderlichen Bücher der Gewerkschaft Sorge zu tragen und jedem Gewerken auf Verlangen die Bücher zur Einsicht offen zu legen.

§. 102. (§. 122.) Der Repräsentant oder Grubenvorstand beruft die Gewerkenversammlungen.

Er muß, wenn das Bergwerk im Betriebe ist, alljährlich eine Gewerkenversammlung berufen und derselben eine vollständig belegte Verwaltungsrechnung vorlegen.

Der Repräsentant ist zur Berufung einer Gewerkenversammlung verpflichtet, wenn dies die Eigenthümer von wenigstens einem Viertheil aller Kuxe verlangen. Unterläßt er die Berufung, so erfolgt dieselbe durch die Bergbehörde auf den an sie gerichteten Antrag.

Zur Vornahme der Wahl eines Repräsentanten oder Grubenvorstandes oder zur Beschlußfassung über den Widerruf der erfolgten Bestellung kann die Bergbehörde auf den an sie gerichteten Antrag eine Gewerkenversammlung berufen.

§. 103. (§. 123.) Der Repräsentant ist berechtigt und verpflichtet, alle Vorladungen und andere Zustellungen an die Gewerkschaft mit voller rechtlicher Wirkung in Empfang zu nehmen.

Bestellt die Gewerkschaft einen Grubenvorstand, so muß ein Mitglied desselben mit dieser Empfangnahme beauftragt und in der Legitimation des Grubenvorstandes bezeichnet werden. Wenn dies nicht geschehen ist, so kann die Zustellung an jedes Mitglied des Grubenvorstandes erfolgen.

§. 104. (§. 124.) Die Bestimmungen der §§. 100, 101 und 102 dürfen nur durch ein förmliches Statut (§. 75), diejenigen des §. 103 aber gar nicht abgeändert werden.

In keinem Falle darf dem Repräsentanten oder dem Grubenvorstande die Vertretung der Gewerkschaft bei den Verhandlungen mit der Bergbehörde, mit dem Knappschaftsvereine und mit anderen auf den Bergbau bezüglichen Instituten, sowie in den gegen sie angestellten Prozessen und die Eidesleistung in letzteren entzogen werden.

§. 105. (§. 125.) Die Gewerkschaft wird durch die von dem Repräsentanten oder Grubenvorstande in ihrem Namen geschlossenen Rechtsgeschäfte berechtigt und verpflichtet.

Es ist gleichgültig, ob das Geschäft ausdrücklich im Namen der Gewerkschaft geschlossen worden ist, oder ob die Umstände ergeben, daß es nach dem Willen der Kontrahenten für die Gewerkschaft geschlossen werden sollte.

§. 106. (§. 126.) Der Repräsentant oder die Mitglieder des Grubenvorstandes sind aus den von ihnen im Namen der Gewerkschaft vorgenommenen Rechtshandlungen Dritten gegenüber für die Verbindlichkeiten der Gewerkschaft persönlich nicht verpflichtet. Handeln dieselben außer den Grenzen ihres Auftrages oder den Vorschriften dieses Titels entgegen, so haften sie persönlich, beziehungsweise solidarisch für den dadurch entstandenen Schaden.

§. 107. (§. 127.) Die Bergbehörde ist befugt, eine Gewerkschaft aufzufordern, innerhalb drei Monaten einen Repräsentanten oder einen Grubenvorstand zu bestellen.

Wird dieser Aufforderung nicht entsprochen, so kann die Bergbehörde bis dahin, daß dies geschieht, einen Repräsentanten bestellen und demselben eine angemessene, von der Gewerkschaft aufzubringende und nöthigenfalls im Verwaltungswege exekutivisch einzuziehende Belohnung zusichern.

Dieser interimistische Repräsentant hat die in den §§. 99 bis 103 bestimmten Rechte und Pflichten, insofern die Bergbehörde keine Beschränkungen eintreten läßt.

§. 108. (§. 128.) Soweit der gegenwärtige Titel nichts Anderes bestimmt, sind die durch die Bestellung eines Repräsentanten oder Grubenvorstandes entstehenden Rechtsverhältnisse nach den allgemeinen Vorschriften über den Vollmachtsvertrag zu beurtheilen.

§. 109. (§. 129.) Die Klage gegen einen Gewerken auf Zahlung seines durch Gewerkschaftsbeschluß bestimmten Beitrages kann nicht vor Ablauf der in dem §. 95 bestimmten Präklusivfrist von vier Wochen erhoben werden. Ist innerhalb dieser Frist von dem Gewerken auf Aufhebung des Beschlusses Klage erhoben worden (§. 95), so findet vor rechtskräftiger Entscheidung über dieselbe die Klage gegen den Gewerken nicht statt.

Die Klage gegen den Gewerken muss bei dem ordentlichen Richter angestellt werden, in dessen Bezirk das Bergwerk liegt.

Das Verfahren über beide Klagen richtet sich nach den für schleunige Sachen bestehenden Vorschriften.

§. 110. (§. 130.) Der Gewerke kann seine Verurtheilung und die Exekution dadurch abwenden, daß er unter Ueberreichung des Kuxscheins den Verkauf seines Antheils behufs Befriedigung der Gewerkschaft anheimstellt.

§. 111. (§. 131.) Der Verkauf des Antheils erfolgt im Wege der Mobiliarversteigerung nach Vorschrift des §. 89.

Aus dem gelösten Kaufpreise werden zunächst die Verkaufskosten und sodann die schuldigen Beiträge gezahlt.

Ist der Antheil unverkäuflich, so wird derselbe den anderen Gewerken nach Verhältniß ihrer Antheile in ganzen Kuxen, soweit dies aber nicht möglich ist, der Gewerkschaft als solcher im Gewerkenbuche lastenfrei zugeschrieben.

§. 112. (§. 132.) Jeder Gewerke ist befugt, auf seinen Antheil freiwillig zu verzichten, wenn auf dem Antheile weder schuldige Beiträge noch sonstige Schuldverbindlichkeiten haften oder die ausdrückliche Einwilligung der Gläubiger beigebracht wird und außerdem die Rückgabe des Kuxscheins an die Gewerkschaft erfolgt.

Der Antheil soll alsdann, sofern die Gewerkschaft nicht anderweitig über denselben verfügt, durch den Repräsentanten zu Gunsten der Gewerkschaft verkauft werden.

Ist der Antheil unverkäuflich, so findet die für diesen Fall im §. 111 getroffene Bestimmung Anwendung.

§. 113. (§. 133.) Die Bestimmungen der §§. 75 bis 112 kommen nicht zur Anwendung, wenn die Rechtsverhältnisse der Mitbetheiligten eines Bergwerks durch Vertrag oder sonstige Willenserklärung anderweitig geregelt sind. Ein solches Rechtsgeschäft bedarf zu seiner Gültigkeit der notariellen Form. Die Urkunde über dasselbe ist der Bergbehörde einzureichen.

Mitbetheiligte eines Bergwerks im Sinne des §. 75 sind nicht die Theilhaber an einer ungetheilten Erbschaft oder an einer sonstigen gemeinschaftlichen Masse, zu welcher ein Bergwerk gehört.

§. 114. (§. 134.) In den Fällen des §. 113 muß, wenn die Mitbetheiligten eines Bergwerks nicht eine Gesellschaft bilden, deren

Vertretung durch die allgemeinen Gesetze geordnet ist, ein in Elsass-Lothringen wohnender Repräsentant bestellt und der Bergbehörde namhaft gemacht werden, widrigenfalls letztere nach §. 107 zu verfahren befugt ist.

Dasselbe gilt, wenn der Alleineigenthümer eines Bergwerks ausserhalb des Deutschen Reichs wohnt.

Dieser Repräsentant hat diejenigen Geschäfte zu besorgen, welche im §. 104 als solche bezeichnet sind, die dem Repräsentanten oder Grubenvorstande einer Gewerkschaft niemals entzogen werden dürfen. Eine Abänderung ist auch hier unzulässig.

Fünfter Titel.

Von den Rechtsverhältnissen zwischen den Bergbautreibenden und den Grundbesitzern.

Erster Abschnitt.

Von der Grundabtretung.

§. 115. (§. 135.) Ist für den Betrieb des Bergbaues und zwar zu den Grubenbauen selbst, zu Halden-, Ablade- und Niederlageplätzen, Wegen, Eisenbahnen, Kanälen, Maschinenanlagen, Wasserläufen, Teichen, Hülfsbauen, Zechenhäusern und anderen für Betriebszwecke bestimmten Tagegebäuden, Anlagen und Vorrichtungen, zu den im §. 48 bezeichneten Aufbereitungsanstalten, sowie zu Soolleitungen und Soolbehältern die Benutzung eines fremden Grundstücks nothwendig, so muß der Grundbesitzer, er sei Eigenthümer oder Nutzungsberechtigter, dasselbe an den Bergwerksbesitzer abtreten.

§. 116. (§ 136.) Die Abtretung darf nur aus überwiegenden Gründen des öffentlichen Interesses versagt werden.

Zur Abtretung des mit Wohn-, Wirthschafts- oder Fabrikgebäuden bebauten Grund und Bodens und der damit in Verbindung stehenden eingefriedigten Hofräume kann der Grundbesitzer gegen seinen Willen niemals angehalten werden.

§. 117. (§. 137.) Der Bergwerksbesitzer ist verpflichtet, dem Grundbesitzer für die entzogene Nutzung jährlich im Voraus vollständige Entschädigung zu leisten und das Grundstück nach beendigter Benutzung zurückzugeben.

Tritt durch die Benutzung eine Werthsverminderung des Grundstücks ein, so muß der Bergwerksbesitzer bei der Rückgabe den Minderwerth ersetzen. Für die Erfüllung dieser Verpflichtung kann der

Grundbesitzer schon bei der Abtretung des Grundstücks die Bestellung einer angemessenen Kaution von dem Bergwerksbesitzer verlangen. Auch ist der Eigenthümer des Grundstücks in diesem Falle zu fordern berechtigt, daß der Bergwerksbesitzer, statt den Minderwerth zu ersetzen, das Eigenthum des Grundstücks erwirbt.

§. 118. (§. 138.) Wenn feststeht, daß die Benutzung des Grundstücks länger als drei Jahre dauern wird, oder wenn die Benutzung nach Ablauf von drei Jahren noch fortdauert, so kann der Grundeigenthümer verlangen, daß der Bergwerksbesitzer das Eigenthum des Grundstücks erwirbt.

§. 119. (§. 139.) Wenn ein Grundstück durch die Abtretung einzelner Theile so zerstückelt werden würde, daß die übrig bleibenden Theile nicht mehr zweckmäßig benutzt werden können, so muß auch für letztere die jährliche Entschädigung (§. 117) auf Verlangen des Grundbesitzers von dem Bergwerksbesitzer geleistet werden.

Unter derselben Voraussetzung kann der Eigenthümer eines solchen Grundstücks verlangen, daß der Bergwerksbesitzer das Eigenthum des ganzen Grundstücks erwirbt.

§. 120. (§. 140.) Bei der zwangsweisen Abtretung oder Erwerbung eines Grundstücks zu einer bergbaulichen Anlage kommen diejenigen Werthserhöhungen, welche das Grundstück erst in Folge dieser Anlage erhält, bei der Entschädigung nicht in Anschlag.

§. 121. (§. 142.) Können die Betheiligten sich in den Fällen der §§. 115 bis 119 über die Grundabtretung nicht gütlich einigen, so erfolgt die Entscheidung darüber, ob, in welchem Umfange und unter welchen Bedingungen der Grundbesitzer zur Abtretung des Grundstücks oder der Bergwerksbesitzer zum Erwerbe des Eigenthums verpflichtet ist, durch einen gemeinschaftlichen Beschluß der Bergbehörde und des Kreisdirektors.

§. 122. (§. 143.) Vor der Entscheidung müssen beide Theile gehört und die Verhältnisse gemeinschaftlich an Ort u. Stelle untersucht werden.

Hierbei ist auch die für die vorübergehende Benutzung des Grundstücks oder für die Abtretung des Eigenthums zu leistende vollständige Entschädigung, sowie die im §. 117 erwähnte Kaution beim Mangel einer gütlichen Einigung der Betheiligten zu ermitteln.

Zu dieser Ermittelung sind Sachverständige zuzuziehen.

Jeder Theil ist befugt, Einen Sachverständigen zu bezeichnen. Geschieht dies binnen einer von den beiden Behörden (§. 121) zu bestimmenden Frist nicht, so ernennen letztere die Sachverständigen.

In jedem Falle können die Behörden einen dritten Sachverständigen zuziehen.

§. 123. (§. 144.) Der Beschluß, durch welchen die zwangsweise Abtretung oder Erwerbung eines Grundstücks ausgesprochen wird, muß das Grundstück genau bezeichnen, die dem Grundbesitzer zu leistende Entschädigung, beziehungsweise Kaution, mit Vorbehalt des Rechtsweges, vorläufig festsetzen und die sonstigen Bedingungen der Abtretung oder Erwerbung enthalten.

§. 124. (§. 145.) Gegen den Beschluß der Bergbehörde und des Kreisdirektors steht beiden Theilen der Rekurs an den Oberpräsidenten zu. Derselbe muß nach näherer Vorschrift des §. 169 bei der Bergbehörde eingelegt werden. Gegen die vorläufige Festsetzung der Entschädigung und der Kaution findet jedoch der Rekurs nicht statt.

Ueber die Verpflichtung zur Abtretung eines Grundstücks ist der Rechtsweg nur in dem Falle zulässig, wenn die Befreiung von dieser Verpflichtung auf Grund des zweiten Absatzes des §. 116 oder eines speziellen Rechtstitels behauptet wird.

§. 125. (§. 146.) Durch Beschreitung des Rechtsweges wegen Festsetzung der Entschädigung oder Kaution wird die Besitznahme des Grundstücks nicht aufgehalten, vorausgesetzt, daß die vorläufig festgesetzte Entschädigung an den Berechtigten gezahlt oder bei verweigerter Annahme gerichtlich deponirt, desgleichen die gerichtliche Deposition der festgesetzten Kaution geschehen ist.

§. 126. (§. 147.) Die Kosten des Expropriationsverfahrens hat für die erste Instanz der Bergwerksbesitzer, für die Rekursinstanz der unterliegende Theil zu tragen.

Zweiter Abschnitt.

Von dem Schadensersatze für Beschädigungen des Grundeigenthums.

§. 127. (§. 148.) Der Bergwerksbesitzer ist verpflichtet, für allen Schaden, welcher dem Grundeigenthume oder dessen Zubehörungen durch den unterirdisch oder mittelst Tagebaues geführten Betrieb des Bergwerks zugefügt wird, vollständige Entschädigung zu leisten, ohne Unterschied, ob der Betrieb unter dem beschädigten Grundstücke stattgefunden hat oder nicht, ob die Beschädigung von dem Bergwerksbesitzer verschuldet ist, und ob sie vorausgesehen werden konnte oder nicht.

§. 128. (§. 149.) Ist der Schaden durch den Betrieb zweier

oder mehrerer Bergwerke verursacht, so sind die Besitzer dieser Bergwerke gemeinschaftlich und zwar zu gleichen Theilen zur Entschädigung verpflichtet.

Im Verhältniß der Bergwerksbesitzer unter sich ist der Nachweis eines anderen Theilnahmeverhältnisses und der Anspruch auf Erstattung des Zuvielgezahlten nicht ausgeschlossen.

§. 129. (§. 150.) Der Bergwerksbesitzer ist nicht zum Ersatze des Schadens verpflichtet, welcher an Gebäuden oder anderen Anlagen durch den Betrieb des Bergwerks entsteht, wenn solche Anlagen zu einer Zeit errichtet worden sind, wo die denselben durch den Bergbau drohende Gefahr dem Grundbesitzer bei Anwendung gewöhnlicher Aufmerksamkeit nicht unbekannt bleiben konnte.

Muß wegen einer derartigen Gefahr die Errichtung solcher Anlagen unterbleiben, so hat der Grundbesitzer auf die Vergütung der Werthsverminderung, welche sein Grundstück dadurch etwa erleidet, keinen Anspruch, wenn sich aus den Umständen ergiebt, daß die Absicht, solche Anlagen zu errichten, nur kund gegeben wird, um jene Vergütung zu erzielen.

§. 130. (§. 151.) Ansprüche auf Ersatz eines durch den Bergbau verursachten Schadens (§§. 127, 128), welche sich nicht auf Vertrag gründen, müssen von dem Beschädigten innerhalb drei Jahren, nachdem das Dasein und der Urheber des Schadens zu seiner Wissenschaft gelangt sind, durch gerichtliche Klage geltend gemacht werden, widrigenfalls sie verjährt sind.

§. 131. (§. 152.) Auf Beschädigungen des Grundeigenthums oder der Zubehörungen desselben durch die von Schürfern und Muthern ausgeführten Arbeiten finden die §§. 127 bis 130 ebenfalls Anwendung.

Dritter Abschnitt.

Von dem Verhältnisse des Bergbaues zu öffentlichen Verkehrsanstalten.

§. 132. (§. 153.) Gegen die Ausführung von öffentlichen Wegen, Eisenbahnen, Kanälen und anderen öffentlichen Verkehrsmitteln, zu deren Anlegung dem Unternehmer das Expropriationsrecht beigelegt ist, steht dem Bergbautreibenden ein Widerspruchsrecht nicht zu.

Vor Feststellung der solchen Anlagen zu gebenden Richtung sind diejenigen, über deren Bergwerke dieselben geführt werden sollen, seitens der zuständigen Behörde darüber zu hören, in welcher Weise unter möglichst geringer Benachtheiligung des Bergwerkseigenthums die Anlage auszuführen sei.

§. 133. (§. 154.) War der Bergbautreibende zu dem Bergwerksbetriebe früher berechtigt, als die Genehmigung der Anlage (§. 132) ertheilt ist, so hat derselbe gegen den Unternehmer der Anlage einen Anspruch auf Schadensersatz. Ein Schadensersatz findet nur insoweit statt, als entweder die Herstellung sonst nicht erforderlicher Anlagen in dem Bergwerke oder die sonst nicht erforderliche Beseitigung oder Veränderung bereits in dem Bergwerke vorhandener Anlagen nothwendig wird.

Sechster Titel.

Von der Aufhebung des Bergwerkseigenthums.

§. 134. (§. 156.) Wird amtlich festgestellt, daß ein Bergwerkseigenthümer die nach Vorschrift des §. 59 an ihn erlassene Aufforderung zur Inbetriebsetzung des Bergwerks oder zur Fortsetzung des unterbrochenen Betriebes nicht befolgt hat, so kann die Oberbergbehörde die Einleitung des Verfahrens wegen Entziehung des Bergwerkseigenthums durch einen Beschluß aussprechen.

§. 135. (§. 157.) Der Bergwerkseigenthümer ist befugt, binnen vier Wochen vom Ablaufe des Tages, an welchem ihm der Beschluß, beziehungsweise der Rekursbescheid (§. 168) zugestellt ist, bei dem Gerichte, in dessen Bezirk das Bergwerk liegt, gegen die Oberbergbehörde auf Aufhebung des Beschlusses zu klagen. Geschieht dies nicht, so ist das Einspruchsrecht erloschen.

§. 136. (§. 158.) Erhebt der Bergwerkseigenthümer keinen Einspruch, oder ist derselbe rechtskräftig verworfen, so wird der Beschluß von der Oberbergbehörde den aus den Hypothekenregistern ersichtlichen Gläubigern und anderen Realberechtigten zugestellt und außerdem durch das Amtsblatt des Bezirks, in welchem das Bergwerk liegt, unter Verweisung auf diesen und den folgenden Paragraphen, zur öffentlichen Kenntniß gebracht.

§. 137. (§. 159.) Jeder privilegirte Gläubiger, sowie jeder Hypothekengläubiger oder sonstige Realberechtigte ist befugt, binnen drei Monaten vom Ablaufe des Tages, an welchem der Beschluß zugestellt, beziehungsweise an welchem das die Bekanntmachung enthaltende Amtsblatt ausgegeben worden ist, behufs seiner Befriedigung die nothwendige Subhastation des Bergwerks bei dem zuständigen

Richter auf seine Kosten zu beantragen, vorbehaltlich der Erstattung derselben aus den Kaufgeldern.

Wer von diesem Rechte binnen der angegebenen Frist keinen Gebrauch macht, hat bei der demnächstigen Aufhebung des Bergwerkseigenthums das Erlöschen seines Realanspruchs zu erleiden. (§. 138.)

Auch der seitherige Eigenthümer des Bergwerks kann innerhalb jener Präklusivfrist von drei Monaten die Subhastation auf seine Kosten beantragen.

§. 138. (§. 160.) Wird die Subhastation nicht beantragt, oder führt dieselbe nicht zu dem Verkaufe des Bergwerks, so spricht die Oberbergbehörde durch einen Beschluß die Aufhebung des Bergwerkseigenthums aus.

Mit dieser Aufhebung erlöschen alle Ansprüche auf das Bergwerk, von welcher Art sie auch sein mögen.

§. 139. (§. 161.) Erklärt der Eigenthümer eines Bergwerks vor der Bergbehörde seinen freiwilligen Verzicht auf dasselbe, so wird mit dieser Erklärung nach §. 136 ebenso verfahren, wie mit dem dort bezeichneten Beschlusse.

Die den privilegirten Gläubigern, den Hypothekengläubigern und anderen Realberechtigten im § 137 eingeräumte Befugniß steht denselben auch in diesem Falle zu, und hinsichtlich der Aufhebung des Bergwerkseigenthums finden die Bestimmungen des §. 138 ebenfalls Anwendung.

§. 140. (§. 163.) Bei jeder Aufhebung eines Bergwerkseigenthums darf der bisherige Eigenthümer die Zimmerung und Mauerung des Grubengebäudes nur insoweit wegnehmen, als nach der Entscheidung der Bergbehörde nicht polizeiliche Gründe entgegenstehen.

§. 141. (§. 164.) Die Kosten, welche durch das im gegenwärtigen Titel angeordnete Verfahren bei der Bergbehörde erwachsen, hat der Bergwerkseigenthümer zu tragen.

Siebenter Titel.

Von den Knappschaftsvereinen.

§. 142. (§. 165 Abs. 1 u. 3.) Für die Arbeiter aller dem gegenwärtigen Gesetze unterworfenen Bergwerke und Aufbereitungsanstalten sollen Knappschaftsvereine bestehen, welche den Zweck haben, ihren Theilnehmern und deren Angehörigen nach näherer Bestimmung des Gesetzes Unterstützungen zu gewähren.

Die Bestimmung der Bezirke, für welche Knappschaftsvereine eingerichtet werden sollen, erfolgt nach Anhörung der Werksbesitzer durch die Oberbergbehörde.

Die Knappschaftsvereine erlangen durch die Bestätigung ihrer Statuten die Eigenschaft juristischer Personen.

§. 143. (§. 168.) Alle in dem Bezirke eines Knappschaftsvereins belegenen Bergwerke und Aufbereitungsanstalten (§. 142) und die auf denselben beschäftigten Arbeiter sind dem Vereine nach näherer Bestimmung des Statuts beizutreten berechtigt und verpflichtet.

Berechtigt zum Beitritt sind auch die Werksbeamten, sowie die Verwaltungsbeamten des Knappschaftsvereins.

§. 144. Die mit Bergwerken verbundenen Gewerbsanlagen, die Hüttenwerke, die Salinen, die Tagebaue auf Eisenerze und die unterirdisch oder mittelst Tagebaues betriebenen Steinbrüche sind berechtigt, mit den bei denselben beschäftigten Arbeitern auf den Antrag der Werksbesitzer den Knappschaftsvereinen nach näherer Bestimmung der Statuten beizutreten.

§. 145. (§. 169.) Für jeden Knappschaftsverein haben die Werksbesitzer unter Mitwirkung eines von den Arbeitern zu wählenden Ausschusses ein mit dem Gesetze in Uebereinstimmung stehendes Statut aufzustellen. Dasselbe unterliegt der Bestätigung der Oberbergbehörde, welche nur versagt werden darf, wenn das Statut den gesetzlichen Bestimmungen zuwiderläuft.

Wird das Statut nach vorgängiger Aufforderung nicht innerhalb Jahresfrist vorgelegt, so hat die Oberbergbehörde dasselbe aufzustellen.

§. 146. (§. 170.) Zu allen Abänderungen von Knappschaftsstatuten ist erforderlich, daß dieselben von den Betheiligten nach den hierüber in das Statut aufzunehmenden näheren Bestimmungen beschlossen werden und sodann die Bestätigung der Oberbergbehörde nach Maßgabe des §. 145 erlangen.

§. 147. (§. 171.) Die Leistungen, welche jeder Knappschaftsverein nach näherer Bestimmung des Statuts seinen vollberechtigten Mitgliedern mindestens zu gewähren hat, sind:

1) in Krankheitsfällen eines Knappschaftsgenossen freie Kur und Arznei für seine Person,

2) ein entsprechender Krankenlohn bei einer ohne eigenes grobes Verschulden entstandenen Krankheit,
3) ein Beitrag zu den Begräbnißkosten der Mitglieder und Invaliden,
4) eine lebenslängliche Invalidenunterstützung bei einer ohne grobes Verschulden eingetretenen Arbeitsunfähigkeit,
5) eine Unterstützung der Wittwen auf Lebenszeit, beziehungsweise bis zur etwaigen Wiederverheirathung,
6) eine Unterstützung zur Erziehung der Kinder verstorbener Mitglieder und Invaliden bis nach zurückgelegtem vierzehnten Lebensjahre.

Für die Mitglieder der am wenigsten begünstigten Klasse sind mindestens die unter 1 und 2 genannten Leistungen und, wenn sie bei der Arbeit verunglücken, auch die unter 3 und 4 genannten zu gewähren.

§. 148. (§. 172.) Für die Leistungen unter 1, 2 und 3 des §. 147 können besondere Krankenkassen auf den zu einem Knappschaftsvereine gehörigen Werken eingerichtet werden.

Die Entscheidung hierüber steht nach Anhörung der Werksbesitzer der Oberbergbehörde zu.

Die für die Krankenkassen nach Vorschrift des §. 145 aufzustellenden Statuten unterliegen der daselbst erwähnten Bestätigung.

Die Beaufsichtigung der Krankenkassen gehört zu den Obliegenheiten des Knappschaftsvorstandes. In den Statuten des Knappschaftsvereins sind die näheren Bestimmungen hierüber zu treffen.

§. 149. (§. 173.) Die Ansprüche der Berechtigten auf die Leistungen der Knappschafts- und der Krankenkassen können weder an Dritte übertragen, noch auch mit Arrest belegt werden.

§. 150. (§. 174.) Sowohl die Arbeiter als auch die Werksbesitzer haben zu den Knappschafts- und den Krankenkassen Beiträge zu leisten.

§. 151. (§. 175.) Die Beiträge der Arbeiter sollen in einem gewissen Prozentsatze ihres Arbeitslohns oder in einem entsprechenden Fixum bestehen.

Die Beiträge der Werksbesitzer sollen mindestens die Hälfte des Beitrags der Arbeiter ausmachen.

§. 152. (§. 176.) Die Werksbesitzer sind bei Vermeidung des gegen sie selbst zu richtenden Zwangsverfahrens verpflichtet, für die Einziehung und Abführung der Beiträge ihrer Arbeiter aufzukommen.

Auch haben die Werksbesitzer ihre Arbeiter regelmäßig an den durch das Statut festzusetzenden Zeitpunkten bei dem Knappschafts-vorstande anzumelden.

Unterbleibt die Anmeldung, so ist der Vorstand befugt, die Zahl der Arbeiter, für welche die Beiträge zur Knappschaftskasse eingezogen werden sollen, nach seinem Ermessen zu bestimmen oder bei der Oberbergbehörde den Erlaß eines Strafbefehls gegen den säumigen Werksbesitzer in Antrag zu bringen.

§. 153. (§. 177.) Alle Beiträge zur Knappschaftskasse wie zu den Krankenkassen können, auf vorgängige Festsetzung durch die Oberbergbehörde, nach den Vorschriften über die Beitreibung der direkten Steuern eingezogen werden.

Durch Beschreitung des Rechtsweges wird die Exekution nicht aufgehalten.

§. 154. (§. 178.) Die Verwaltung eines jeden Knappschafts-vereins erfolgt unter Betheiligung von Knappschaftsältesten durch einen Knappschaftsvorstand.

§. 155. (§. 179.) Die Knappschaftsältesten werden von den zum Vereine gehörigen Arbeitern und Beamten in einer durch das Statut bestimmten Zahl aus ihrer Mitte gewählt.

Auch den invaliden Arbeitern und Beamten kann die Wähl-barkeit durch das Statut beigelegt werden.

Die Knappschaftsältesten vertreten die Knappschaftsmitglieder bei der Wahl des Vorstandes und haben im Allgemeinen das Recht und die Pflicht, einerseits die Befolgung des Statuts durch die Knappschaftsmitglieder zu überwachen und andererseits die Rechte der Letzteren gegenüber dem Vorstande wahrzunehmen.

Das Statut oder eine besondere Instruktion (§. 157) regelt ihre Dienstobliegenheiten.

§. 156. (§. 180.) Die Mitglieder des Knappschaftsvorstandes werden nach näherer Bestimmung des Statuts zur einen Hälfte von den Werksbesitzern, beziehungsweise von den Repräsentanten, und zur anderen Hälfte von den Knappschaftsältesten je aus ihrer Mitte oder aus der Zahl der Privatbergbeamten gewählt.

§. 157. (§. 181.) Der Knappschaftsvorstand vertritt den Verein nach außen, leitet die Wahlen der Knappschaftsältesten, erwählt die Beamten und Aerzte des Vereins, schließt die Verträge mit denselben, sowie mit den Apothekern ab, erläßt die erforderlichen Instruktionen, verwaltet das Vermögen des Vereins und besorgt alle übrigen, ihm durch das Statut übertragenen Geschäfte.

§. 158. (§. 182.) Die jährlich zu legenden Rechnungen müssen nach vorgängiger Prüfung durch den Vorstand den Knappschaftsältesten und den Werksbesitzern zur Einsicht und etwaigen Erklärung offen gelegt werden, bevor der Vorstand dem Kassenbeamten die Entlastung ertheilt.

§. 159. (§. 183.) Die Bergbehörde hat die Beobachtung der Statuten und insbesondere die statutenmäßige Verwaltung des Vermögens zu überwachen.

§. 160. (§. 184.) In Ausübung dieses Aufsichtsrechts ist der Vertreter der Bergbehörde befugt, allen Sitzungen des Knappschaftsvorstandes, welche ihm zu diesem Zwecke mindestens drei Tage vorher anzuzeigen sind, beizuwohnen und jeden statutenwidrigen Beschluß zu suspendiren.

§. 161. (§. 185.) Der Knappschaftsvorstand ist jederzeit verpflichtet, der Bergbehörde und deren Vertreter auf Verlangen die Einsicht der über seine Verhandlungen zu führenden Protokolle, der Kassenbücher und der gelegten Rechnungen, sowie die Revision der Kasse zu gestatten.

Auch hat derselbe der Bergbehörde die zur Statistik des Knappschaftswesens erforderlichen Nachrichten zu geben.

§. 162. (§. 186.) Beschwerden über die Verwaltung des Vorstandes sind bei der Bergbehörde anzubringen.

§. 163. Die Knappschaftsvereine sind gegenseitig verpflichtet, den Mitgliedern, welche den Bezirk eines Vereins verlassen und in dem Bezirke eines anderen Vereins Arbeit nehmen, den Uebertritt in letzteren zu gestatten und dieselben in die Klasse, welcher sie seither angehört haben, mit dem bereits erworbenen Dienstalter aufzunehmen.

Achter Titel.

Von den Bergbehörden.

§. 164. Die Bergbehörden sind:
die Bergmeister,
der Oberpräsident,
der Reichskanzler.

§. 165. (§. 189 Abs. 1 und 2.) Die Bergmeister bilden für die ihnen überwiesenen Bergreviere [1]) die erste Instanz in allen Geschäften, welche nach dem gegenwärtigen Gesetze der Bergbehörde obliegen und nicht ausdrücklich der Oberbergbehörde übertragen sind.

Sie handhaben insbesondere die Bergpolizei nach Vorschrift des Gesetzes.

§. 166. Der Oberpräsident bildet die Oberbergbehörde.

Er ist die Aufsichtsbehörde für die Bergmeister.

Unter seiner Aufsicht stehen die Markscheider.

Derselbe überwacht die Ausbildung derjenigen Personen, welche sich für den Staatsdienst im Bergfache vorbereiten.

Außerdem liegen dem Oberpräsidenten die der Oberbergbehörde im gegenwärtigen Gesetze ausdrücklich übertragenen Geschäfte ob.

§. 167. Der Reichskanzler bildet die oberste Bergbehörde.

§. 168. Gegen Verfügungen und Beschlüsse des Bergmeisters ist der Rekurs an den Oberpräsidenten zulässig, welcher endgültig entscheidet.

---

1) Zufolge der Bekanntmachung des Reichskanzlers vom 7. September 1871 (vergl. Jahrg. XII S. 341 der Zeitschr. f. Bergr.) bestehen die beiden Bergreviere Lothringen, mit dem Sitze des Bergmeisters in Metz, und Elsaß, mit dem Sitze des Bergmeisters in Straßburg. Ersteres umfaßte seither den Bezirk Lothringen und die Kantone Saarunion und Drulingen, letzteres die Bezirke Ober- und Unterelsaß mit Ausschluß jener Kantone. Diese Eintheilung ist in jüngster Zeit insoweit abgeändert, als die Kantone Saarunion und Drulingen von dem Bergreviere Lothringen abgetrennt und dem Bergreviere Elsaß zugetheilt worden sind, so daß gegenwärtig die Grenze zwischen beiden Revieren mit den Departementsgrenzen zusammenfällt. Die bezügliche, im Gesetzblatte von 1873 S. 434 publizirte Bestimmung lautet:

Bekanntmachung, betreffend die Abänderung der Bergreviereintheilung. Vom 21. Dezember 1873.

Die in der Bekanntmachung vom 7. September 1871 (Gesetzblatt für Elsaß-Lothringen S. 337) bestimmte Eintheilung der Bergreviere wird dahin abgeändert, daß die bisher zum Bergrevier Lothringen gehörigen Kantone Saarunion und Drulingen von diesem Revier abgetrennt und dem Bergrevier Elsaß zugetheilt werden.

Das Oberbergamt für Elsaß-Lothringen ist mit der Ausführung dieser Anordnung beauftragt.

Berlin, den 21. Dezember 1873.

Der Reichskanzler.
In Vertretung: Delbrück.

Gegen Verfügungen und Beschlüsse, welche der Oberpräsident in erster Instanz erlässt, ist der Rekurs an den Reichskanzler zulässig.

§. 169. Der Rekurs muß binnen vier Wochen vom Ablaufe des Tages, an welchem die Verfügung oder der Beschluß zugestellt oder sonst bekannt gemacht worden ist, bei derjenigen Behörde, welche die beschwerende Entscheidung erlassen hat, eingelegt werden, widrigenfalls das Rekursrecht erlischt.

In den Fällen, wo eine Gegenpartei vorhanden ist, wird derselben die Rekursschrift zur Beantwortung binnen einer vierwöchentlichen, vom Ablaufe des Tages der Behändigung beginnenden Frist mitgetheilt. Geht innerhalb dieser Frist die Beantwortung nicht ein, so werden die Verhandlungen ohne Weiteres zur Rekursentscheidung eingesendet.

§. 170. (§. 194.) Die bei den Bergbehörden in Bergbauangelegenheiten erwachsenden Kosten können von denjenigen Personen, welchen dieselben nach dem gegenwärtigen Gesetze zur Last fallen, im Wege der Verwaltungsexekution eingezogen werden.

§. 171. (§. 195.) Die Bergbeamten des Staates, deren Frauen und unter väterlicher Gewalt stehenden Kinder können im Verwaltungsbezirke der Ersteren durch Muthung keine Bergwerke oder Kuxe erwerben.

Zu solchen Erwerbungen durch andere Rechtsgeschäfte unter Lebenden ist die Genehmigung des Reichskanzlers erforderlich.

Neunter Titel.
Von der Bergpolizei.
Erster Abschnitt.
Von dem Erlasse bergpolizeilicher Vorschriften.

§. 172. (§. 196.) Der Bergbau steht unter der polizeilichen Aufsicht der Bergbehörden.

Dieselbe erstreckt sich auf
- die Sicherheit der Baue,
- die Sicherheit des Lebens und der Gesundheit der Arbeiter,
- den Schutz der Oberfläche im Interesse der persönlichen Sicherheit und des öffentlichen Verkehrs,
- den Schutz gegen gemeinschädliche Einwirkungen des Bergbaues.

Dieser Aufsicht unterliegen auch die im §. 48 erwähnten Aufbereitungsanstalten und Salinen.

Desgleichen unterliegen derselben die unterirdischen Steinbrüche, sowie sämmtliche Tagebaue auf Eisenerze.

Was dieser Titel hinsichtlich der Bergwerke vorschreibt, findet auch auf die übrigen vorstehend genannten Anlagen und Betriebe Anwendung.

§. 173. (§. 197.) Die Oberbergbehörde ist befugt, Polizeiverordnungen über die im §. 172 bezeichneten Gegenstände zu erlassen.

Polizeiverordnungen über den Steinbruchsbetrieb können auch auf die mittelst Tagebaues betriebenen Steinbrüche ausgedehnt werden.

Die Verkündigung dieser Verordnungen erfolgt durch das Amtsblatt der Bezirke, in welchen dieselben Gültigkeit erlangen sollen.

§. 174. (§. 198.) Tritt auf einem Bergwerke in Beziehung auf die im §. 172 bezeichneten Gegenstände eine Gefahr ein, so hat die Bergbehörde die geeigneten polizeilichen Anordnungen nach Vernehmung des Bergwerksbesitzers oder des Repräsentanten durch einen Beschluß zu treffen.

§. 175. (§. 199.) Ist die Gefahr eine dringende, so hat die Bergbehörde sofort und selbst ohne vorgängige Vernehmung des Bergwerksbesitzers oder des Repräsentanten die zur Beseitigung der Gefahr erforderlichen polizeilichen Anordnungen zu treffen.

Die Vernehmung der genannten Personen ist in diesem Falle ohne Verzug nachzuholen und alsdann die vorläufig getroffene Anordnung durch einen Beschluss entweder aufrecht zu erhalten oder wieder aufzuheben.

§. 176. (§. 200.) Die Bekanntmachung der auf Grund der §§. 174 und 175 getroffenen polizeilichen Anordnungen an den Bergwerksbesitzer oder den Repräsentanten erfolgt durch Zustellung des Beschlusses, beziehungsweise der vorläufigen Verfügung.

Die Bekanntmachung an den Betriebsführer und die Grubenbeamten wird von der Bergbehörde oder auf deren Anweisung durch Eintragung in das Zechenbuch bewirkt, welches zu diesem Zwecke auf jedem Bergwerke gehalten werden muß.

Soweit eine Bekanntmachung an die Arbeiter erforderlich ist, geschieht dieselbe auf Anweisung der Bergbehörde durch Verlesen und durch Aushang auf dem Werke.

§. 177. (§. 201.) In den Fällen des §. 175 muß mit der Ausführung der polizeilichen Anordnungen der Bergbehörde ohne Rücksicht auf die vorbehaltene nachträgliche Vernehmung des Bergwerksbesitzers oder des Repräsentanten sofort begonnen werden.

Die Ausführung dieser Anordnungen wird durch Einlegung des Rekurses nicht aufgehalten.

§. 178. (§. 202.) Werden die auf Grund der §§. 174 und 175 getroffenen polizeilichen Anordnungen nicht in der bestimmten Frist durch den Bergwerksbesitzer ausgeführt, so wird die Ausführung durch die Bergbehörde auf Kosten des Bergwerksbesitzers bewirkt.

§. 179. (§. 203.) Sobald auf einem Bergwerke eine Gefahr in Beziehung auf die im §. 172 bezeichneten Gegenstände eintritt, hat der Betriebsführer und im Verhinderungsfalle der denselben vertretende Grubenbeamte der Bergbehörde Anzeige hiervon zu machen.

Zweiter Abschnitt.

Von dem Verfahren bei Unglücksfällen.

§. 180. (§. 204.) Ereignet sich auf einem Bergwerke unter oder über Tage ein Unglücksfall, welcher den Tod oder die schwere Verletzung einer oder mehrerer Personen herbeigeführt hat, so sind die im §. 179 genannten Personen zur sofortigen Anzeige an die Bergbehörde und an die nächste Polizeibehörde verpflichtet.

§. 181. (§. 205.) Die Bergbehörde ordnet die zur Rettung der verunglückten Personen oder zur Abwendung weiterer Gefahr erforderlichen Maßregeln an.

Die zur Ausführung dieser Maßregeln nothwendigen Arbeiter und Hülfsmittel hat der Besitzer des Bergwerks zur Verfügung zu stellen.

Die Besitzer benachbarter Bergwerke sind zur Hülfeleistung verpflichtet.

§. 182. (§. 206.) Sämmtliche Kosten für die Ausführung der im §. 181 bezeichneten Maßregeln trägt der Besitzer des betreffenden Bergwerks, vorbehaltlich des Regreßanspruches gegen Dritte, welche den Unglücksfall verschuldet haben.

Dritter Abschnitt.

Von den Uebertretungen bergpolizeilicher Vorschriften.

§. 183. (§. 207.) Uebertretungen der Vorschriften in den §§. 5, 11, 60, 61, 63, 65, 66, 67, 68, 74, 140, 176, 177, 179, 180, 181 und 189 werden mit Geldstrafe bis zu funfzig Thalern bestraft.

In den Fällen der §§. 61 und 63, sowie 67 und 68 tritt diese Strafe auch dann ein, wenn auf Grund der §§. 64 und 69 der Betrieb von der Bergbehörde eingestellt wird.

§. 184. (§. 208.) Uebertretungen der bereits erlassenen, sowie der von der Oberbergbehörde auf Grund des §. 173 noch zu erlassenden Polizeiverordnungen unterliegen der Strafe des §. 183.

Dieselbe Strafe findet bei Uebertretungen der auf Grund der §§. 174 und 175 getroffenen polizeilichen Anordnungen Anwendung.

§. 185. (§. 209.) Ueber die Uebertretungen der bergpolizeilichen Vorschriften (§§. 183 und 184) sind von der Bergbehörde Protokolle aufzunehmen.

Diese Protokolle werden der Staatsanwaltschaft zur Verfolgung übergeben.

Die Entscheidung steht den ordentlichen Gerichten zu. Dieselben haben hierbei nicht die Nothwendigkeit und Zweckmäßigkeit, sondern nur die gesetzliche Gültigkeit der von den Bergbehörden erlassenen polizeilichen Vorschriften zu prüfen.

Zehnter Titel.

Uebergangs- und Schlußbestimmungen.

§. 186. Die Bergwerks-Concessionsgesuche, welche bis zum Eintritt der Gesetzeskraft des gegenwärtigen Gesetzes von der zuständigen Bergbehörde publicirt sind, werden nebst den mit der Erledigung derselben zusammenhängenden Concessionsgesuchen, Concurrenzgesuchen und Oppositionen nach den bisherigen Gesetzen behandelt und zur Entscheidung gebracht.

Bis zur endgültigen Entscheidung ist das durch ein solches Concessionsgesuch begehrte Feld gegen Muthungen Dritter gemäss §. 20 des gegenwärtigen Gesetzes geschlossen.

Die bis zu dem vorbezeichneten Zeitpunkte nicht publizirten Concessionsgesuche werden als Muthungen behandelt, vorausgesetzt, dass sie den Erfordernissen derselben entsprechen.

§. 187. (§. 240.) In den Rechtsverhältnissen der Mitbetheiligten der bei dem Eintritt der Gesetzeskraft des gegenwärtigen Gesetzes im Besitze mehrerer Personen befindlichen Bergwerke wird durch dieses Gesetz nichts geändert. Jedoch finden die Bestimmungen des §. 114 auch auf diese Bergwerke Anwendung.

Durch einen von einer Mehrheit von wenigstens drei Viertheilen aller Antheile gefaßten Beschluß können die Mitbetheiligten eines solchen Bergwerks die im vierten Titel des gegenwärtigen Gesetzes (§§. 75 bis 112) enthaltene gewerkschaftliche Verfassung annehmen, soweit nicht vertragsmäßige Verabredungen entgegenstehen.

Der Beschluß ist notariell aufzunehmen.

§. 188. (§. 241.) Auf Fälle, in welchen vor Eintritt der Gesetzeskraft des gegenwärtigen Gesetzes für den Betrieb des Bergbaues Grund und Boden eigenthümlich oder zur Benutzung abgetreten ist, kommen nicht die §§. 117 bis 120, sondern die bisherigen Gesetze zur Anwendung.

§. 189. Die Oberbergbehörde entscheidet darüber, ob ein Eisenerzvorkommen gemäss §. 2 des gegenwärtigen Gesetzes von dem Grundeigenthümer mittelst Tagebaues ausgebeutet werden darf oder nicht, oder ob ein derartiger bereits begonnener Betrieb wieder eingestellt werden muss. Die Entscheidung erfolgt nach Anhörung der Betheiligten durch einen Beschluss, gegen welchen der Rechtsweg nicht stattfindet.

Der Grundeigenthümer ist verpflichtet, der Bergbehörde von dem beabsichtigten Betriebe auf Eisenerze vorher Anzeige zu machen. Die Bergbehörde ertheilt über diese Anzeige eine Bescheinigung.

§. 190. Wer unbefugt Mineralien gewinnt, deren Gewinnung den Vorschriften des gegenwärtigen Gesetzes unterliegt (§§. 1, 2 und 189), wird mit Geldstrafe bis zu zweihundert Thalern bestraft.

§. 191. Wer bei Benutzung seines Bergwerkseigenthums die Feldesgrenzen fahrlässigerweise überschreitet, wird mit Geldstrafe bis zu funfzig Thalern bestraft.

Geschieht die Grenzüberschreitung vorsätzlich, so findet die Strafe des §. 190 Anwendung.

§. 192. (§. 242.) Wo in diesem Gesetze eine Frist nach Monaten bestimmt ist, fällt der Ablauf der Frist auf denjenigen Tag des letzten Monats, welcher durch seine Zahl dem Tage des Anfangs der Frist entspricht. Fehlt dieser Tag in dem letzten Monate, so läuft die Frist mit dem letzten Tage dieses Monats ab.

§. 193. Das gegenwärtige Berggesetz tritt mit dem 1. April 1874 in Kraft.

Mit diesem Zeitpunkte treten alle allgemeinen und besonderen Gesetze, Verordnungen und Gewohnheiten über Gegenstände, auf welche das gegenwärtige Gesetz sich bezieht, außer Kraft.

Urkundlich unter Unserer Höchsteigenhändigen Unterschrift und beigedrucktem Kaiserlichen Insiegel.

Gegeben Berlin, den 16. Dezember 1873.

(L. S.) Wilhelm.

Fürst v. Bismarck.

II. Gesetz, betreffend die Besteuerung der Bergwerke. Vom 16. Dezember 1873.

Wir Wilhelm, von Gottes Gnaden Deutscher Kaiser, König von Preußen ꝛc.
verordnen im Namen des Deutschen Reiches, nach erfolgter Zustimmung des Bundesraths, für Elsaß-Lothringen, was folgt:

§. 1. Die verhältnißmäßige Bergwerkssteuer (redevance proportionnelle) wird von fünf Prozent des Reinertrages auf zwei Prozent herabgesetzt.

§. 2. Unverändert bleiben die feste, von der Feldesgröße abhängige Bergwerkssteuer (redevance fixe) in dem Betrage von jährlich zehn Centimen für den Hektar, sowie das Zuschlagszehntel — zehn Centimen auf den Franken — zu der verhältnißmäßigen und der festen Bergwerkssteuer.

§. 3. Die verhältnißmäßige Bergwerkssteuer wird jährlich auf Grund einer Einschätzung des steuerpflichtigen Reinertrages der Bergwerke ermittelt.

Die Feststellung des Reinertrages erfolgt bezirksweise durch eine Kommission, welche jährlich aus einem Kommissar der Oberbergbehörde, dem Bergmeister des Reviers und zwei von den Bezirkspräsidenten zu berufenden Bergwerksbesitzern des Reviers zusammengesetzt wird.

§. 4. Für die verhältnißmäßige Bergwerkssteuer kann auf Antrag der Bergwerksbesitzer ein Abonnement bewilligt werden.

§. 5. Die Ausschreibung und Erhebung der Bergwerkssteuern erfolgt nach den für die direkten Steuern maßgebenden Vorschriften.

§. 6. Dieses Gesetz tritt mit dem 1. Januar 1874 in Kraft. Alle entgegenstehenden Bestimmungen verlieren von diesem Zeitpunkte ab ihre Geltung.

Die zur Ausführung des Gesetzes erforderlichen Anordnungen erläßt der Oberpräsident.

Urkundlich unter Unserer Höchsteigenhändigen Unterschrift und beigedrucktem Kaiserlichen Insiegel.

Gegeben Berlin, den 16. Dezember 1873.

(L. S.) Wilhelm.

Fürst v. Bismarck.

III. Erläuterungen zu dem Berggesetze für Elsaß-Lothringen.

Den nachfolgenden Bemerkungen liegt die Absicht zum Grunde, das Verhältniß des Berggesetzes für Elsaß-Lothringen vom 16. Dezember 1873 einerseits zu der französischen Bergesetzgebung und andererseits zu dem neuen deutschen Bergrechte, insbesondere zu dem preußischen und dem bayerischen Berggesetze in allgemeinen Umrissen zu veranschaulichen, um auf diese Weise die praktische Handhabung des Gesetzes und den Uebergang in den veränderten Rechtszustand zu erleichtern, Zweifeln und Irrthümern aber möglichst vorzubeugen. Hierbei kann hinsichlich derjenigen Bestimmungen, welche aus den genannten Berggesetzen unverändert übernommen sind, füglich auf die amtlichen Materialien zu diesen Gesetzen[1]), sowie auf die reich-

---

1) Entwurf eines Allgemeinen Berggesetzes für die Preußischen Staaten. Nebst Motiven — Nr. 6 der Drucksachen des Herrenhauses, Sitzungsperiode 1865; Bericht der IX. Kommission des Herrenhauses über den Entwurf, vom 16. März 1865 — Nr. 36 der Drucksachen; Sitzungsprotokoll des Herrenhauses vom 30. März 1865 — Stenographische Berichte S. 162 ff.; Bericht der XIX. Kommission des Hauses der Abgeordneten vom 20. Mai 1865 — Nr. 183 der Drucksachen; Sitzungsprotokoll des Hauses der Abgeordneten vom 31. Mai 1865 — Stenographische Berichte S. 1805 ff.

Zusammengestellt sind die Materialien in C. Hahn: Allgemeines Berggesetz für die Preußischen Staaten vom 24. Juni 1865. Nebst den vollständigen Materialien zur Erläuterung desselben. Berlin 1865. Ferner ist der Regierungsentwurf mit den Motiven abgedruckt in der Zeitschrift für Bergrecht, Jahrg. VI (Bonn 1865) S. 1 ff. Ebendaselbst findet sich der Text des Berggesetzes selbst (S. 235 ff.) und eine Zusammenstellung aus den Landtagsverhandlungen (S 287 ff.).

Entwurf eines Berggesetzes für das Königreich Bayern. Nebst Motiven — Beilage CXXII zu den Verhandlungen der Kammer der Abgeordneten von 1868—69; Vortrag des I. Ausschusses dieser Kammer, vom 12. Januar 1869 — Beilage CLXXXIV; Sitzungsprotokolle der Kammer der Abgeordneten vom 21. Januar und 25. Februar 1869 — Stenographische Berichte S. 155 ff. 443 ff; Vortrag des I. Ausschusses der Kammer der Reichsräthe, vom 13. Februar 1869 — Beilage CCLXV zu den Verhandlungen der Kammer der Reichsräthe (1869), Protokoll der 52. Sitzung dieser Kammer vom 16. Februar 1869 Nr. 53; Gesammtbeschluß der beiden Kammern vom 25. Februar 1869 — Beilage CCCIX zu den Verhandlungen der Kammer der Reichsräthe.

Der Text des bayerischen Berggesetzes selbst findet sich auch in der Zeitschrift für Bergrecht, Jahrg. X (1869) S. 177 ff.

haltige Literatur über letztere und die darin niedergelegte, gut entwickelte Verwaltungs- und Gerichtspraxis Bezug genommen werden. Eine besondere Erläuterung beanspruchen wesentlich nur die von jener Grundlage abweichenden Vorschriften.

Zum ersten Titel.

Einleitende Bestimmungen.

Hauptgegenstand des Berggesetzes vom 16. Dezember 1873 sind die der allgemeinen Bergbaufreiheit vorbehaltenen Mineralien (§. 1) und die auf dieselben berechtigten Bergwerke (Bergwerke im engeren Sinne). Die Erwerbung des Bergwerkseigenthums und die Rechtsverhältnisse desselben nach den verschiedenen Richtungen zu regeln, steht als die wichtigste Aufgabe des Berggesetzes voran.

Mit den von dem Verfügungsrechte des Grundeigenthümers nicht ausgeschlossenen Mineralien beschäftigt sich das Berggesetz nur in beschränkter Weise. Zunächst ist der Bergbehörde die Entscheidung darüber vorbehalten, ob die Voraussetzungen vorliegen, unter welchen dem Grundeigenthümer der Tagebau auf Eisenerze zusteht (§§. 2, 189). Außerdem sind diese Tagebaue unter die nach Maßgabe des Berggesetzes auszuübende polizeiliche Aufsicht der Bergbehörde gestellt (§. 172). Derselben bergpolizeilichen Beaufsichtigung unterliegen die unterirdischen Steinbrüche (§. 172). Polizeiverordnungen über den Steinbruchsbetrieb können selbst auf die mittelst Tagebaues betriebenen Steinbrüche ausgedehnt werden (§. 173). Die Ausübung der Polizei auf diesen Tagebaubrüchen ist dagegen der Bergbehörde nicht überwiesen; durch anderweitige Anordnungen wird noch festzusetzen sein, inwieweit hierbei die Mitwirkung der Bergbehörde oder deren technischer Beirath eintreten soll.

Außer den Mineralgewinnungen behandelt das Berggesetz in bestimmter Hinsicht auch die Aufbereitungsanstalten, sofern sie Zubehörungen von Bergwerken sind, und die Salinen. Zu der Errichtung und dem Betriebe der Ersteren ist der Bergwerkseigenthümer als solcher befugt (§. 48). Auf sie und ebenso auf die Salinen erstreckt sich die polizeiliche Aufsicht der Bergbehörde (§. 172). Ferner steht dem Bergwerkseigenthümer das Recht zu, die Abtretung des für diese Aufbereitungsanstalten nothwendigen Grund und Bodens nach Vorschrift des Berggesetzes (§§. 115 ff.) zu erzwingen, und dasselbe Recht ist den Salinen für Soolleitungen und Soolbehälter beigelegt.

Endlich erstreckt sich die gesetzliche Verpflichtung zum Eintritt in den Knappschaftsverein auch auf die erwähnten Aufbereitungsanstalten (§. 143). Dagegen besteht für andere mit Bergwerken verbundene Gewerbsanlagen, für die Salinen, die Tagebaue der Grundeigenthümer auf Eisenerze, die unterirdisch oder mittelst Tagebaues betriebenen Steinbrüche und auch für die Hüttenwerke nur die Berechtigung, mit ihren Arbeitern den Knappschaftsvereinen nach näherer Bestimmung der Statuten beizutreten (§. 144).

Nur in diesem bestimmt begrenzten Umfange findet das Berggesetz auf die vorbezeichneten, nicht zu den Bergwerken gehörenden Betriebe und Anlagen Anwendung. Auch läßt dasselbe die zu dem Bergwerksbetriebe dienenden Dampfkessel und Triebwerke unberührt, indem dieselben als gewerbliche Anlagen lediglich der allgemeinen Gewerbegesetzgebung unterworfen bleiben. (Vergl. wegen der Dampfkessel Jahrg. XIII S. 316 der Zeitschr. für Bergrecht.)

In der wichtigen Frage, welche Mineralien von dem Verfügungsrechte des Grundeigenthümers auszuschließen und der allgemeinen Bergbaufreiheit vorzubehalten sind, hält das Bergesetz für Elsaß-Lothringen den seitherigen Rechtszustand im Wesentlichen aufrecht. Nicht beibehalten ist die dem französischen Berggesetze vom 21. April 1810 zum Grunde gelegte Eintheilung der Mineralien in die drei Klassen der Bergwerke (mines), Gräbereien (minières) und Steinbrüche (carrières), weil dieselbe, der wissenschaftlichen Begründung entbehrend, zu einer schwankenden Praxis geführt und die Aussonderung der Gräbereien zu einer besonderen Klasse bereits in Folge des die Modifikation des Berggesetzes von 1810 betreffenden Gesetzes vom 9. Mai 1866 fast jede Bedeutung verloren hat. Dagegen sind nach dem Vorgange des preuß. und bayer. Berggesetzes im vorliegenden §. 1 die den bergrechtlichen Vorschriften unterworfenen Mineralien namentlich und erschöpfend aufgezählt, wodurch Zweifeln über die Grenze zwischen dem Grundeigenthümerrechte und dem Hoheitsrechte des Staates vorgebeugt wird.

Zu §§. 1 u. 2. Im Einzelnen findet sich zu den §§. 1 und 2 noch Folgendes zu bemerken:

Auf Grund des Art. 2 des Berggesetzes von 1810, nach welchem „des bitumes“ zu den Gegenständen der Bergwerke gehören, besteht bereits im Elsaß ein ergiebiger, aber auch gefährlicher unterirdischer Bergbau auf Petroleum und Asphalt, und man darf annehmen, daß dieses Vorkommen nicht auf die jetzigen Concessionsfelder beschränkt ist. Es sprechen daher nicht bloß die Rücksicht auf das geltende Recht, sondern auch wirthschaftliche und bergpolizeiliche Gründe dafür, daß jene Mineralien auch fernerhin dem Bergrechte unterworfen bleiben. Dies geschieht aber durch den Zusatz „Bitumen." Bitumen im flüssigen Zustande ist Petroleum (Steinöl, Erdöl, Naphtha), im festen Zustande Asphalt (Erdpech); auch die bituminösen Schiefer werden von dieser Collectivbezeichnung umfaßt.

Von den im Art. 2 des Berggesetzes von 1810 namentlich genannten Metallen sind Platin, Wismuth und Molybdän, wie im preuß. und bayer. Berggesetze, unberücksichtigt gelassen, weil dieselben auch in Elsaß-Lothringen entweder gar nicht oder jedenfalls nur so vereinzelt und selten vorkommen, daß von einer allgemeinen Nutzbarkeit, deretwegen das Verfügungsrecht des Grundeigenthümers auszuschließen wäre, nicht die Rede sein kann.

Die Brennstoffe, welche im Art. 2 cit. als „du charbon de terre ou de pierre, du bois fossile" bezeichnet sind, gehören zu der „Steinkohle" und „Braunkohle," deren Arten ohne Ausnahme der §. 1 unter sich begreift.

Erst durch das französische Gesetz über das Salz vom 17. Juni 1840 wurden Steinsalz und Soolquellen, natürlich fließende, wie künstlich erbohrte, dem Berggesetze vom 21. April 1810 unterworfen. Der vorliegende §. 1 dehnt die bergrechtlichen Vorschriften nunmehr auch auf die mit dem Steinsalze „auf der nämlichen Lagerstätte vorkommenden Salze," die sogenannten Abraumsalze, aus, weil diese Maßregel sich in Deutschland als nothwendig und nützlich herausgestellt hat und auch für Elsaß-Lothringen Bedeutung erlangen kann, falls auf den dortigen Steinsalzlagern solche Nebensalze aufgeschlossen werden sollten.

Es ist hier zugleich des Vorzuges zu gedenken, welchen nach dem erwähnten Gesetze vom 17. Juni 1840 die damals bestehenden Salinen bei der Ertheilung von Concessionen auf Salz genießen sollten. Der Artikel 3 bestimmte nämlich:

„Les concessions seront faites de préférence aux propriétaires des établissements légalement existants".

Zur Aufrechterhaltung dieser Bevorzugung liegt gegenwärtig keine Veranlassung mehr vor, nachdem die hier in Betracht kommenden Salinen ausgedehnte Concessionen zur Salzgewinnung erlangt haben. Es ist daher ein desfallsiger Vorbehalt im Berggesetze nicht gemacht, vielmehr sind nunmehr auch für die Salinen bei der Erwerbung von Bergwerkseigenthum lediglich die allgemeinen Vorschriften des Berggesetzes maßgebend.

Mit Rücksicht darauf, daß das neue Berggesetz, wie schon erwähnt, von der besonderen Klasse der Gräbereien ganz absieht, bedarf es einiger Bemerkungen zu dem Art. 3 des Berggesetzes von 1810. Derselbe lautet:

„Les minières comprennent les minerais de fer dits d'alluvion, les terres pyriteuses propres à être converties en sulfate de fer, les terres alumineuses et les tourbes".

Um mit dem zuletzt genannten Torf zu beginnen, so ist daran zu erinnern, daß das Berggesetz von 1810 die Torfgräbereien (tourbières), getrennt von den übrigen Gräbereien, in den Art. 83 bis 86 behandelt, und daß die rechtliche Stellung derselben insofern eine eigenthümliche ist, als es zum Betriebe einer Torfgräberei der vorgängigen Erlaubniß der Behörde (autorisation) bedarf, der Grundeigenthümer aber nicht, wie bei den anderen Gräbereien, genöthigt werden kann, einem Dritten den Betrieb zu überlassen. Der Verwaltung ist vorbehalten, allgemeine Anordnungen für die Torfgräbereien zu treffen.

Im Elsaß findet eine nicht unbedeutende Torfgewinnung statt, bei deren Beaufsichtigung früher die Bergbehörde mitzuwirken hatte. Hiervon ist aber abgesehen und die Kontrole über die Torfgräbereien, soweit eine solche im allgemeinen Interesse der Landeskultur und der Gesundheitspflege noch am Platze ist, den Ortsbehörden überlassen. Bergtechnische Fragen kommen bei diesem Betriebe nicht in Betracht; wohl aber würde der Geschäftsverkehr mit dem entfernt wohnenden Bergbeamten für beide Theile lästig sein. Das jetzige Berggesetz nimmt deßhalb nach dem Vorgange des preuß. und bayer. Berggesetzes keine Rücksicht auf den Torf, so daß nach Aufhebung der seitherigen berggesetzlichen Vorschriften der Landesverwaltung überlassen bleibt, etwaige administrative Anordnungen bezüglich des Gegenstandes zu treffen.

Einen zweiten Gegenstand der Gräbereien bilden nach jenem Art. 3 „die zur Darstellung von Eisenvitriol geeigneten kiesigen Erden und die alaunhaltigen Erden." Selbst durch die diesem Artikel vorangegangenen amtlichen Verhandlungen ist nicht genügend klar gestellt, welche Vorkommen hierunter begriffen sein sollen einerseits im Gegensatze zu den in die Klasse der Bergwerke gehörigen Mineralien, wie Schwefel, Braunkohle, Alaun und schwefelsaure Verbindungen mit metallischer Basis (des sulfates à base métallique), andererseits zum Unterschiede von den zur Klasse der Steinbrüche zählenden „kiesigen Erden, welche als Düngemittel gelten" (les terres pyriteuses regardées comme engrais). In Frankreich gehen die Meinungen hierüber aus einander, und die richtige Anwendung der Vorschrift hat daher ihre Schwierigkeit. Die concreten Verhältnisse, aus deren Berücksichtigung die Unterordnung jener Erden unter die Gräbereien hervorgegangen zu sein scheint, sind in Elsaß-Lothringen nicht bekannt. Es war daher unbedenklich, die erwähnten kiesigen und alaunhaltigen Erden in dem neuen Berggesetze außer Betracht zu lassen und etwaige Vorkommen dieser Art dem Verfügungsrechte des Grundeigenthümers zu überlassen, insofern dieselben nicht schon dadurch zu den Gegenständen des Bergbaues gehören, daß im vorliegenden §. 1 Schwefel, Alaunerze, Vitriolerze und Braunkohle, auch wenn letztere nicht als Brennstoff, sondern auf Alaun und Vitriol benutzt wird, aufgeführt sind.

Von größerer Bedeutung ist die bergrechtliche Behandlung des dritten Gegenstandes der Gräbereien, der alluvialen Eisenerze, und der Eisenerze überhaupt. Die hierauf bezüglichen Rechtsverhältnisse haben in Frankreich schon seit dem Berggesetze vom 28. Juli 1791 eine eigenthümliche Entwickelung genommen, welche auch bei der jetzigen Reform wesentlich in's Gewicht fallen mußte. Das Berggesetz von 1810 nimmt nicht, wie das preußische Berggesetz, lediglich die „Raseneisenerze" von den Gegenständen der Bergwerke aus, sondern dehnt im Art. 3 die Grundsätze über die Gräbereien auf die auch noch andere Eisenerzvorkommen umfassenden „minerais de fer dits d'alluvion" aus. Das Gesetz geht sogar noch weiter, indem auch die auf Gängen und Lagern vorkommenden Eisenerze („du fer en filons ou couches") nicht ausnahmslos, wie nach der Fassung des Art. 2 anzunehmen wäre, zur Klasse der Bergwerke gerechnet sind, sondern durch den Art. 69 eine erhebliche Modifikation hierin eingetreten ist. Nach letzterem darf nämlich eine Concession für Eisenerze auf Gängen und Lagern (ebenso wie für alluviale Eisenerze) nur dann ertheilt werden,

> wenn entweder der Betrieb mit Tagebau nicht mehr möglich und die Anlage von Schächten, Stollen und anderen kunstmäßigen Bauen nothwendig ist, oder der Betrieb mit Tagebau zwar noch möglich ist, aber nur wenige Jahre dauern könnte und später einen Betrieb mit Schächten und Stollen unmöglich machen würde.

Nach diesen Gesichtspunkten findet in Frankreich nur eine beschränkte Concessionsertheilung für Eisenerze statt. In die Concessionsurkunden wird auf Grund eines Circulars vom 8. Oktober 1843 regelmäßig die Klausel aufgenommen, daß die Concession vorbehaltlich derjenigen Rechte ertheilt werde, welche für den Oberflächeneigeneigenthümer aus dem Berggesetze sowohl rücksichtlich der alluvialen Eisenerze, als auch derjenigen Eisenerze auf Gängen oder Lagern hervorgehen, welche, an der Oberfläche gelegen, durch Tagebau gewonnen werden können, vorausgesetzt, daß diese Gewinnung die spätere Ausbeutung der in der Tiefe befindlichen Mineralien durch unterirdischen Betrieb nicht unmöglich macht. Die nämliche Beschränkung ist den Concessionären seither von der deutschen Bergverwaltung in Elsaß-Lothringen bei der Ertheilung von Eisenerzconcessionen auferlegt worden. Die betreffende Bestimmung der Urkunden lautet wörtlich:

„Die Concession N. N. bezieht sich nur auf diejenigen Eisenerze, welche durch regelmäßigen unterirdischen Bergbau zu gewinnen sind. Diejenigen Eisenerze, welche nahe an der Oberfläche abgelagert sind und durch Tagebau zweckmäßig abzubauen sein sollten, verbleiben der Disposition des Grundeigenthümers, sofern der darauf zu führende Tagebau gegenwärtig oder künftig den unterirdischen Abbau der tiefer gelegenen Eisenerze nicht unmöglich macht."

Durch das schon erwähnte Gesetz vom 9. Mai 1866 sind nicht allein jene Beschränkungen hinsichtlich der Concessionsfähigkeit der Eisenerze unverkürzt aufrecht erhalten, sondern auch die Eisenerzgräbereien von den lästigen Verpflichtungen befreit worden, welche auf den Art. 59 bis 67 des Berggesetzes von 1810 zu Gunsten der Hüttenwerke beruhten.

Nachdem auf diese Weise dem Grundeigenthümer bestimmte Rechte auf die in seinem Eigenthume befindlichen Eisenerze zugestanden und die bezüglichen Vorschriften während einer langen Periode in Uebung geblieben sind, würde eine gesetzliche Aufhebung dieses Rechtszustandes nur durch zwingende volkswirthschaftliche, bergtechnische oder bergpolizeiliche Gründe zu rechtfertigen und alsdann eine Entschädigung des Grundeigenthümers nicht zu umgehen gewesen sein. Es liegt aber in der That die Nothwendigkeit nicht vor, das Recht des Grundeigenthümers im Wege der Gesetzgebung zu beseitigen. Wünschenswerth würde es allerdings im allgemeinen Bergbauinteresse sein, wenn ein derartiger Vorbehalt zu Gunsten des Grundeigenthums nicht bestände; durch denselben kann unter Umständen eine rationelle und möglichst vortheilhafte Ausbeutung der Eisenerze beeinträchtigt werden; es können zwischen dem Betriebe des Grundeigenthümers und demjenigen des Bergwerksconcessionärs Kollisionen eintreten, welche zu besonderen bergpolizeilichen Maßregeln nöthigen. Allein dergleichen Uebelstände sind doch nicht belangreich genug, um die Beseitigung eines befestigten, im Bewußtsein der Betheiligten ruhenden Rechtszustandes motiviren zu können. Zudem wird sich durch anderweitige Mittel eine Ausgleichung der sich entgegenstehenden Interessen des Grundeigenthümers und des Bergwerksconcessionärs erreichen lassen. Auch durfte nicht unberücksichtigt bleiben, daß das hier vorzugsweise in Betracht zu ziehende Vorkommen oolithischer Eisenerze (Minette) in Lothringen bereits zum großen Theile durch Concessionsfelder gedeckt ist und in allen diesen Fällen der Vorbehalt für den Grundeigenthümer durch die Concessionsurkunden gesichert erscheint, daß aber die so erworbenen Rechte selbstredend nicht durch ein neues Gesetz alterirt werden können, und mithin eine Reform in dieser Beziehung nur noch einen beschränkten praktischen Boden vorgefunden haben würde.

In Belgien hat die Praxis auf Grund des Berggesetzes von 1810 dem Grundeigenthümer weitgehende Zugeständnisse bezüglich der Eisenerzgewinnung gemacht, und ebenso gewährt im Großherzogthum Luxemburg das neuere Gesetz vom 15. März 1870 dem Rechte des Grundeigenthümers vollen Schutz.

In Berücksichtigung aller dieser Gesichtspunkte hat es sich nicht empfehlen können, die seitherige beschränkte Berechtigung des Grundeigenthümers zur Eisenerzgewinnung aufzuheben. Zwar ist von verschiedenen Seiten befürwortet worden, das Gewinnungsrecht des Grundeigenthümers zum Wenigsten in bestimmte, feste Grenzen und zwar durch das Gesetz selbst einzuschließen; allein es hat nicht gelingen wollen, einen desfallsigen, die entgegenstehenden Interessen billig vermittelnden und zugleich praktisch durchführbaren Vorschlag abzugeben.

Das Berggesetz hält demnach den bestehenden Rechtszustand im Wesentlichen aufrecht, indem es im §. 2 bestimmt, daß dem Grundeigenthümer auch fernerhin der Tagebau auf Eisenerze zustehen soll, vorausgesetzt, daß diese Gewinnung den unterirdischen Abbau der tiefer gelegenen Eisenerze aus *bergtechnischen* oder *bergpolizeilichen* Gründen nicht unmöglich macht. Andere als diese Gründe sollen bei der Entscheidung hierüber nicht in Betracht gezogen werden; namentlich soll also der ökonomische Gesichtspunkt hierbei nicht maßgebend sein. Die Entscheidung wird wie bisher, mit Ausschluß des Rechtsweges, im Verwaltungswege erfolgen. (Vergl. §. 189.)

Wenn demnach überwiegende Gründe nicht gestattet haben, das seitherige Recht bezüglich der Eisenerze im Geiste der deutschen Berggesetzgebung weiter fortzubilden und die Gewinnung dieser Erze (abgesehen etwa von denjenigen im Alluvium), ohne eine Beschränkung zu Gunsten des Grundeigenthümers, unter die Bergbaufreiheit zu stellen, so ist dennoch mit Sicherheit anzunehmen, daß der Eisenindustrie ebenso wenig wie seither aus der jetzigen Rechtslage ernstliche Schwierigkeiten drohen, zumal das praktische Leben den richtigen Ausgleich zwischen den Interessen des Bergbautreibenden und des Grundeigenthümers sehr wohl zu finden weiß.

Noch eines anderen Punktes ist bezüglich des Eisenerzbergbaues zu gedenken. Das Berggesetz von 1810 räumte bekanntlich den Permissionären von Eisenhütten ausgedehnte Privilegien ein, welche den Bezug und die eigene Gewinnung von Eisenerzen, sowie die Ausführung von Schürfarbeiten und die Anlegung von Poch- und Waschwerken und Abfuhrwegen auf fremdem Grundeigenthum betrafen. Diese Ausnahmerechte wurden durch den Art. 2 des mehrerwähnten Gesetzes vom 9. Mai 1866 aufgehoben, jedoch sollte die Aufhebung in Ansehung der bei Erlaß des Gesetzes bereits bestehenden Hüttenwerke erst mit dem 1. Januar 1876 in Kraft treten. Für die Eisenhütten in Elsaß-Lothringen besitzt dieser Vorbehalt keine erhebliche Bedeutung mehr; sie haben keine Veranlassung, von demselben noch Gebrauch zu machen. Es hat daher keinem Bedenken unterlegen, jenes Ausnahmeverhältniß, statt erst mit Schluß des Jahres 1875, schon mit dem 1. April 1874 dadurch zu beseitigen, daß das Gesetz vom 9. Mai 1866 von da ab gänzlich außer Kraft tritt. (Vergl. §. 193.)

Was die nach Art. 4 des Berggesetzes von 1810 zur Klasse der Steinbrüche gehörigen Mineralien betrifft, so befinden sich keine unter denselben, welche von dem Verfügungsrechte des Grundeigenthümers auszuschließen und unter die Mineralien des §. 1 aufzunehmen gewesen wären.

Der von einer Seite gemachte Vorschlag, diesen Mineralien auch noch den Phosphorit hinzuzufügen, hat nicht als genügend gerechtfertigt anerkannt werden können.

Zum zweiten Titel.

Von der Erwerbung des Bergwerkseigenthums.

Die allgemeine Bergbaufreiheit, in Verbindung mit der hoheitsrechtlichen Aufsicht des Staates über den Bergbau, gehört zu den Fundamentalsätzen des französischen wie des deutschen Bergrechts. Gleichwohl besteht eine durchgreifende Verschiedenheit in Bezug auf die Ausübung der Bergbaufreiheit und des Hoheitsrechts bei der unmittelbaren Erwerbung des Bergwerkseigenthums. Während das Berggesetz von 1810 lediglich dem von gewissen allgemeinen Gesichtspunkten geleiteten Ermessen der Staatsbehörde überläßt, ob, wem und unter welchen Bedingungen eine Bergwerksconcession ertheilt werden soll, halten das preuß. und bayer. Berggesetz an dem bewährten deutschrechtlichen Grundsatze fest, daß die den gesetzlichen Erfordernissen entsprechende Muthung einen Rechtsanspruch auf die Verleihung begründet und daß dem ersten Finder ein Vorrecht auf die Verleihung vor anderen Bewerbern zusteht. Diese Verschiedenheit der leitenden Grundsätze prägt sich auch in dem administrativen Verfahren behufs Verleihung des Bergwerkseigenthums aus. Der deutschrechtlichen Behandlung des Gegenstandes gebührt indeß entschieden der Vorzug.

Die Mängel des französischen Concessionswesens sind nicht bloß in Frankreich erkannt, sondern haben auch in anderen Staaten, wie Belgien, Sardinien ꝛc. dazu geführt, daß im Wege der Gesetzgebung das freie Ermessen der verleihenden Behörde beschränkt und statt dessen gewissen Bewerbern ein Vorzugsrecht auf Ertheilung der Bergwerksconcession gewährt worden ist. Es muß demnach als eine wohlthätige Verbesserung des bestehenden Rechtszustandes angesehen werden, daß in dieser Materie das französische System verlassen und lediglich die deutsche Gesetzgebung zum Anhalt genommen ist. Nur in Bezug auf das Schürfen hat eine Verschmelzung des beiderseitigen Bergrechts stattgefunden.

Das Berggesetz von 1810 räumt in den Art. 6 und 42 dem Grundeigenthümer, über dessen Grund und Boden sich ein Bergwerksfeld erstreckt, ein Recht an dem Ertrage des Bergwerks ein, welches in dem Concessionsakte auf eine bestimmte Summe festgesetzt werden soll. Diese „Grundrechtsentschädigung" oder „Grundrente" wurde schon durch das preuß. und bayer. Berggesetz in den linksrheinischen Landestheilen ohne Entschädigung aufgehoben, und die damaligen rechtlichen und wirthschaftlichen Erwägungsgründe sind auch jetzt für den Wegfall der Grundrente maßgebend gewesen. Die durch Concessionsakte bereits constituirten Grundrenten bleiben indeß selbstredend bestehen.

Zu §. 5. Nach Art. 11 des Berggesetzes von 1810 bedarf es der ausdrücklichen Einwilligung des Grundeigenthümers zu Schürfarbeiten (und Bergwerksanlagen über Tage) auch dann, wenn dieselben ausgeführt werden sollen „dans les terrains attenant aux habitations ou clôtures murées, dans la distance de cent mètres des dites clôtures ou des habitations.“ Es ist streitig, ob die Anwendbarkeit dieser Bestimmung bedingt, daß die innerhalb der Entfernung von 100 Metern liegenden Grundstücke dem nämlichen Eigenthümer gehören, wie die betreffenden Wohnungen oder ummauerten Gehege, oder ob diese Identität des Eigenthümers nicht vorhanden zu sein braucht. Die französischen und belgischen Gerichtshöfe sowie die Schriftsteller haben sich in überwiegender Mehrheit für die erstere Alternative entschieden, und diese Ansicht entspricht auch der Fassung und der Absicht des Gesetzes, welche auf den Schutz der Wohnung und der hierzu gehörigen Umgebung gerichtet ist. Es besteht keine Meinungsverschiedenheit darüber, daß auch die entsprechenden Worte im §. 4 des preuß. und Art. 4 des bayer. Gesetzes („Unter Gebäuden und in einem Umkreise um dieselben“ 2c.) den nämlichen Sinn haben; gleichwohl erschien es nicht ungeeignet, den Gedanken durch den Zusatz im §. 5 Abs. 3 noch präciser auszudrücken.

Die im Art. 11 cit. vorgeschriebene Entfernung von 100 Metern geht über das Bedürfniß hinaus und beschwert den Bergbau. In dem preuß. Berggesetze wurde deßhalb die Entfernung auf 200 Fuß ($62,_{7700}$ Meter) herabgesetzt. Hier ist dagegen im Anschlusse an den Art. 4 des bayer. Berggesetzes die abgerundete Zahl von 60 Metern gewählt.

Zu §§. 7 u. 8. Die Abweichungen von den §§. 6 und 7 des preuß. und Art. 6 und 7 des bayer. Berggesetzes sind nur redaktioneller Natur und sollen das Verständniß erleichtern.

Zu §. 9. Da hier zum ersten Male die Bezeichnung „Bergbehörde“ statt „Oberbergamt“ vorkommt, so wird auch für alle späteren desfallsigen Abänderungen die Bemerkung am Platze sein, daß überall, wo es sich um die Bergbehörde überhaupt oder die Bergbehörde erster Instanz, den Bergmeister, handelt, die Bezeichnung „Bergbehörde,“ dagegen da, wo speziell die obere Bergbehörde in Frage kommt, der Ausdruck „Oberbergbehörde,“ konform mit dem bayer. Berggesetze gebraucht ist.

Gegen die Festsetzung der Entschädigung und der Kaution (Abs. 3) findet nach §. 8 des preuß. Berggesetzes der Rekurs nicht statt, und dasselbe wird man nach Art. 8, vergl. mit Art. 193 des bayer. Berggesetzes annehmen müssen. Im vorliegenden §. 9 ist dagegen der Rekurs und zwar wohl deßhalb nicht ausgeschlossen, weil die erste Entscheidung dem Lokalbergbeamten zusteht. Anders in den Fällen des §. 124, indem dort der Rekurs, übereinstimmend mit §. 145 des preuß. Berggesetzes, ausdrücklich ausgeschlossen ist.

Die Worte „vorbehaltlich des Rechtsweges" bestimmen nichts Neues, sondern sollen nur zur Vermeidung von Zweifeln dienen, welche im Bereiche des preuß. Berggesetzes nicht entstehen konnten.

Auch der Schlußsatz des §. 9 enthält eine sachliche Aenderung nicht, vergl. §§. 8 und 147 des preuß. und Art. 8 des bayer. Berggesetzes.

Zu **§. 12.** Durch Abs. 2 wird ein nach französischem Bergrechte zweifelhafter Grundsatz festgestellt. Vergl. übrigens §. 1 des Bergwerkssteuer-Gesetzes oben S. 40.

Zu **§. 13.** Die Annahme der Muthungen ist hier, den Verhältnissen in Elsaß-Lothringen entsprechend, ein für allemal der Bergbehörde erster Instanz, dem Bergmeister, übertragen.

Zu **§. 18.** Das preuß. Berggesetz verlangt, daß die Anfertigung der in den §§. 17, 42 und 51 desselben bezeichneten Situationsrisse, sowie die Vermessung und Verlochsteinung von Bergwerksfeldern (§. 39) durch „concessionirte" Markscheider oder Feldmesser erfolge, und daß die Ersteren auch die Anfertigung und Nachtragung der amtlichen Grubenbilder besorgen (§. 72). Nach dem bayer. Berggesetze liegen diese Geschäfte den „amtlich bestellten" Markscheidern bez. Feldmessern ob. Im Bereiche des französischen Bergrechts ist das Institut besonderer Markscheider nicht bekannt; die Geschäfte derselben werden in der Regel durch Privatingenieure besorgt. Da es indeß im Interesse des Bergbaues liegt, daß die Ausführung der vorerwähnten, seither zum Theil nicht erforderlichen Arbeiten sich stets in den Händen befähigter Personen befindet, so fordert das vorliegende Berggesetz eine „von der Oberbergbehörde anerkannte" Befähigung. Der Zweck wird durch eine solche amtliche Controle erreicht, ohne daß dem etwaigen Erlasse gewerbegesetzlicher Vorschriften über die förmliche Concessionirung von Markscheidern vorgegriffen wäre.

Der bei Anfertigung der Muthungs-Situationsrisse anzuwendende Maaßstab ist in Uebereinstimmung mit Art. 30 des Berggesetzes von 1810 hier gesetzlich vorgeschrieben.

Zu §. 21. Die Vorschrift des preuß. und bayer. Berggesetzes (§. 20, Art. 20), wonach die Auftragung der Muthungsfelder auf die amtliche Uebersichtskarte von der Bergbehörde „sogleich" nach Einreichung der betreffenden Situationsrisse bewirkt werden soll, ist hier weggeblieben, weil die erforderlichen Revierkarten zum Theil erst hergestellt werden müssen.

Zu §. 27. Das im preuß. Berggesetze (§. 27) auf 500,000 Quadratlachter oder 2,189,000 Quadratmeter festgesetzte Maximum der Feldesgröße reicht erfahrungsmäßig auch unter erschwerenden Verhältnissen aus, um einen nachhaltigen und zweckmäßigen Bergbaubetrieb führen zu können. Zudem ist die bergrechtliche Erwerbung von Bergwerksfeldern im Wege der Muthung wesentlich erleichtert und die Vereinigung mehrerer Felder zu einem einheitlichen Ganzen durch die Vorschriften über die Konsolidation ermöglicht. Es liegt daher kein Bedürfniß vor, den Rechtsanspruch des Muthers auf ein größeres Feld als das vorbezeichnete auszudehnen, und zwar um so weniger, als dieses Maximum schon jetzt von der Bergbehörde bei der Concessionsertheilung in Elsaß-Lothringen eingehalten zu werden pflegt. Das baier. Berggesetz (Art. 27) läßt zwar für Stein- und Braunkohlen ein Feld bis zu 8,000,000 Quadratmetern zu; allein die besonderen Rücksichten, welche hierfür entscheidend gewesen sind, bestehen in Elsaß-Lothringen nicht. Durch §. 27 ist daher die zulässige Feldesgröße auf die im Uebrigen auch im baier. Berggesetze enthaltene runde Zahl von 200 Hektaren (2,000,000 Quadratmeter) bestimmt.

Der letzte Satz, daß kein Punkt der Begrenzung mehr als 2000 Meter von dem Fundpunkte entfernt sein darf, enthält eine Abweichung von der Vorschrift des preuß. Berggesetzes, nach welcher je zwei Punkte der Begrenzung nicht über 2000 Lachter (4184 Meter) von einander entfernt liegen dürfen. Der letzteren Bestimmung liegt die Absicht zum Grunde, eine willkürliche, chikanöse Ueberdeckung entfernter Fundpunkte Dritter und eine solche Feldeslegung möglichst zu verhindern, welche andere als bergbauliche Zwecke verfolgt. Dieses Auskunftsmittel hat sich jedoch in den letzten Jahren, gegenüber der fast sinnlosen Spekulation mit Muthungen, nicht als vollständig ausreichend erwiesen, sondern der Möglichkeit Raum gelassen, von einer beschränkten Fundstelle aus große Flächen mit Muthungsfeldern zu überdecken und letzteren eine Form zu geben, welche häufig einen rationellen Bergwerksbetrieb nicht zulassen wird. Ob die anderweitige Vorschrift im Art. 27 des baier. Berggesetzes, wonach das Grubenfeld nirgends eine geringere Breite als den 32. Theil der Länge haben darf, dem erwähnten Uebelstande wirksamer zu begegnen vermag und nicht andere Schwierigkeiten im Gefolge haben wird, muß die Erfahrung erst lehren. Jedenfalls ist die vorliegende neue Bestimmung mehr geeignet, dem Mißbrauche zu steuern, ohne andererseits der freien Bewegung des Muthers bei der Feldeslegung zu enge, dem wirklichen Interesse des Bergbaues entgegenstehende Schranken zu setzen. Dem Muther ist vielmehr innerhalb des Kreises, dessen Halbmesser durch eine Linie von 2000 Metern Länge bestimmt wird, noch ein großer Spielraum zur Projektirung des Feldes gelassen. Außerdem bietet diese Bestimmung den Vortheil dar, daß mehrere Felder, welche auf nahe zusammen liegende Funde projektirt werden, eine regelmäßigere, rationellere Lage erhalten müssen.

Was hinsichtlich der Entfernung der Feldesgrenzen von dem Fundpunkte bestimmt ist, gilt auch für den dem Fundpunkte gleichstehenden „früheren Aufschluß des Mineralvorkommens eines verlassenen Bergwerks."

Zu §. **39.** Obwohl das Bergesetz von 1810 einen Vermessungszwang nicht kennt, so wird den Bergwerkseigenthümern doch regelmäßig durch die Concessionsurkunden die Verpflichtung auferlegt, das Feld vermessen und verlochsteinen zu lassen. Es lag jedoch kein genügender Grund vor, hieran festzuhalten, nachdem das preuß. und bayer. Berggesetz, unter Aufhebung der Zwangspflicht, dem Bergwerkseigenthümer lediglich überlassen haben, auf amtliche Vermessung und Verlochsteinung seines Feldes anzutragen.

Zum dritten Titel.

Von dem Bergwerkseigenthume.

Von den drei Abschnitten, welche dieser Titel im preuß. Berggesetze hat, sind die beiden ersten mit geringen Abänderungen beibehalten und zwar der zweite Abschnitt als dritter, indem die Vorschriften über Konsolidation, Feldestheilung und Feldesaustausch in den §§. 54 bis 58 als zweiter Abschnitt nach dem Vorgange des bayer. Berggesetzes eingeschaltet sind.

Dagegen ist der dritte, von den Bergleuten handelnde Abschnitt des preuß. Berggesetzes im vorliegenden Gesetze ganz weggelassen und nur der zweite Satz des §. 80 daselbst als §. 74 dem dritten Abschnitte hinzugefügt worden. In Folge dieser Weglassung regelt sich das Vertragsverhältniß zwischen den Bergwerkbesitzern und den Bergleuten, wie seither, so auch fernerhin nach den Vorschriften des Civilrechts und der Gewerbegesetze. Schon das Berggesetz von 1810 hatte dieses privatrechtliche Verhältniß unberührt gelassen, und die wenigen auf die Arbeiter bezüglichen Vorschriften, welche das Bergpolizeidekret vom 3. Januar 1813 enthält, sind theils schon aufgehoben, theils berühren sie lediglich das Gebiet der Bergpolizei, für welches anderweitige Bestimmungen zu erlassen sein werden. Hinsichtlich der dort erwähnten Arbeitsbücher, Arbeiterlisten und Abschiedszeugnisse finden aber gegenwärtig die Gesetze vom 14. Mai 1851 und 22. Juni 1854, sowie die Verordnung vom 30. April 1855 auch auf die Bergleute Anwendung. Die Umstände, welche seiner Zeit nöthigten, das preuß. Berggesetz auch auf das Arbeiterverhältniß auszudehnen, lagen hier nicht vor.

Zu §. **42.** Im Abs. 2 sind die Worte des korrespondirenden §. 52 des preuß. Berggesetzes „insbesondere wegen Verletzung über die Hälfte" (vergl. auch Art. 41 des bayer. Berges.) weggelassen, weil nach Art. 1674 des Code civil die Anfechtung eines Kaufvertrages wegen laesio enormis voraussetzt, daß der Verkäufer um mehr als $^7/_{12}$ verletzt worden ist. Ferner haben die Worte des §. 52 „oder Kuxen" ausfallen können, weil die Rescissionsklage wegen laesio enormis nach demselben Art. 1674 überhaupt nur bei Immobilar-Verkäufen stattfindet, immobile Kuxe aber in Elsaß-Lothringen nicht vorkommen.

Zu §. **43.** Die allgemeinen gesetzlichen Vorschriften über die Subhastation von Bergwerkseigenthum, auf welche im Abs. 1 des §. 43 verwiesen ist, sind gegenwärtig in dem Gesetze, betreffend den Zwangsverkauf von Liegenschaften, vom 1. Dezember 1873 (Gesetzblatt für Elsaß-Lothringen S. 300 ff.) enthalten.

Der §. 33 desselben bestimmt wörtlich:

„Bei dem Zwangsverkaufe von Bergwerken erleiden die Vorschriften dieses Gesetzes folgende Abänderungen:

1. Dem Antrage auf Anordnung des Zwangsverkaufs (§. 4) ist eine oberbergamtlich oder notariell beglaubigte Abschrift der Verleihungsurkunde beizufügen.
2. Außer Anwendung bleiben die Vorschriften der §. 4 Nr. 4, die auf die Grundsteuer bezügliche Bestimmung des §. 6 Nr. 2 und der Schlußsatz des §. 8 Nr. 2.

Wenn es in dem durch §. 1 Absatz 2 vorgesehenen Falle wegen Mangels eines Hauptsitzes der Bewirthschaftung der Feststellung bedarf, in welchem Friedensgerichtsbezirke der werthvollere Theil des Bergwerks sich befindet, so erfolgt diese Feststellung durch den Revierbeamten.

3. An die Stelle des im §. 4 Nr. 3 vorgeschriebenen Verzeichnisses tritt eine durch den Revierbeamten anzufertigende Beschreibung; dieselbe muß den Besitzer und etwaigen Pächter, den Namen des Bergwerks, das Mineral, worauf das Bergwerkseigenthum verliehen ist, die Feldesgröße, den Kreis, in welchem das Feld liegt, und die dem Felde zunächst gelegene Stadt angeben."

Hierzu ist zu bemerken, daß nunmehr nach dem Berggesetze die Beglaubigung der Urkundenabschrift (Nr. 1) der „Oberbergbehörde" obliegt und daß die nach Nr. 2 außer Anwendung bleibenden Vorschriften die bei Bergwerken nicht vorkommende Grundsteuer betreffen. Die unter Nr. 3 erwähnte Beschreibung ist nach §. 248 des preuß. Berggesetzes bei der Subhastation von Bergwerken im Bereiche der rheinischen Subhastationsordnung vom 1. August 1822 ebenfalls noch erforderlich, dagegen durch die Subhastationsordnung vom 15. März 1869 für die älteren Landestheile als unpraktisch bereits beseitigt. (Vergl. Jahrg. X S. 244 der Zeitschr. f. Bergrecht.)

Nach dem obigen Gesetze vom 1. Dezember 1873 (§§. 2 u. 3) beginnt die Zwangsvollstreckung mit einer Zahlungsaufforderung an den Schuldner, und vor Ablauf eines Monats nach Zustellung der Letzteren darf der Zwangsverkauf nicht nachgesucht werden. Diese Bestimmungen setzt der §. 43 des Berggesetzes (Abs. 2), der Natur der Sache entsprechend und in Uebereinstimmung mit §. 248 des preuß. Berggesetzes, für das behufs Entziehung des Bergwerkseigenthums einzuleitende Subhastationsverfahren außer Anwendung.

Zu §§. **49** bis **52**. Das Berggesetz von 1810 schweigt gänzlich von dem Rechte des Bergwerkseigenthümers zur Anlage von Hülfsbauen außerhalb seines Concessionsfeldes, indeß wird angenommen, daß die hierauf bezügliche Vorschrift im Tit. I Art. 25 des Berggesetzes vom 28. Juli 1791 in Kraft geblieben sei. An die Stelle derselben ist nunmehr das für den Bergwerksbetrieb wichtige Institut der Hülfsbaue getreten, und zwar so, wie es sich erschöpfend und auf fester Rechtsgrundlage im neueren deutschen Bergrechte entwickelt hat.

Zu §§. **54** bis **57**. Die Vorschriften des preuß. und bayer. Berggesetzes über die Konsolidation von Bergwerken (§§. 41 bis 49,

Art. 53 bis 61) sind hier wesentlich abgekürzt und vereinfacht, indem es unbedenklich war, in allen Fällen die Konsolidation von der Zustimmung der etwa vorhandenen Realberechtigten abhängig zu machen, und kein Bedürfniß vorlag, für gewisse Fälle, unter welchen namentlich die Gewerkschaften des alten Rechts mit immobilen Kuxen begriffen sind, den Realberechtigten nur ein beschränktes Widerspruchsrecht einzuräumen, wie dies im Interesse des Bergbaues in jenen Gesetzen geschehen mußte.

Verschieden von der hier in Rede stehenden Konsolidation ist die Vereinigung mehrerer Bergwerke in einer Hand (réunion). Ein kaiserliches Dekret vom 23. Oktober 1852 verlangt hierzu die Genehmigung des Staatsoberhauptes. Diese mit dem Berggesetze von 1810 unverträgliche Beschränkung, welche zu wiederholten lebhaften Beschwerden der Bergbautreibenden in Frankreich Anlaß gegeben hat, fällt nach dem neuen Berggesetze weg, indem der Besitz von Bergwerkseigenthum lediglich den allgemeinen civilrechtlichen Regeln unterworfen ist.

Zu §. **58**. Indem hier auch bei der Feldestheilung und dem Feldesaustausch die Zustimmung etwaiger Realberechtigter unbedingt verlangt wird, ist ohne Beeinträchtigung der bergbaulichen Interessen die immerhin umständliche Procedur, welche die mehrerwähnten Berggesetze (§. 51, Art. 62) vorschreiben, vermieden worden.

Zu §§. **59** bis **74**. Die Vorschriften des dritten Abschnitts gewährleisten einerseits dem Bergwerkseigenthümer die freie und selbstständige Benutzung seines Eigenthums und stellen andererseits das öffentliche Interesse gegen einen gemeinschädlichen Mißbrauch des Letzteren sicher. Vor Uebergriffen der Aufsichtsbehörde ist das Selbstverwaltungsrecht dadurch geschützt, daß die Verpflichtungen des Bergwerkseigenthümers in Bezug auf den Betrieb im Gesetze selbst genau bestimmt sind.

Die Vorschriften über den Betriebsplan und die technische Betriebsleitung verdienen unverkennbar den Vorzug vor den seitherigen Einrichtungen. Es widerstreitet nicht nur dem Grundsatze der Selbstverwaltung, sondern auch einer rationellen Bergtechnik, wenn nach dem französischen Bergrechte der künftige Betrieb eines Bergwerks schon bei der Concessionsertheilung durch einen Betriebsplan geregelt werden soll, welcher von dem ingénieur en chef zu entwerfen und als Lastenheft (cahier des charges) mit der Concessionsurkunde zu verbinden ist. Ungleich besser tragen die vorliegenden Bestimmungen über den Betriebsplan den wirklichen Verhältnissen und dem wechselnden Bedürfnisse Rechnung.

Die geringen Anforderungen, welche das Bergpolizeidekret vom 3. Januar 1813 im Art. 25 an die Befähigung der zur technischen Betriebsleitung berufenen Steiger und sonstigen Grubenbeamten stellt, genügen bei dem gegenwärtigen Stande des Bergbaues in den meisten Fällen nicht mehr, im öffentlichen Interesse muß vielmehr auch von den unteren Werksbeamten eine gründlichere Ausbildung verlangt werden. Daß dies nunmehr nach §. 68 geschieht, kann den Bergwerksbesitzern selbst nur um so erwünschter sein, als sie nach dem Reichsgesetze vom 7. Juni 1871 durch ein Verschulden ihrer Betriebsführer haftpflichtig werden. (Vergl. das Einführungsgesetz vom 1. November 1872, Gesetzblatt für Elsaß-Lothringen S. 769.)

Um ausgesprochenen Wünschen der Bergbauinteressenten zu genügen, ist im §. 66 nachgelassen, daß die Anfertigung und Nachtragung der Grubenbilder auch durch „Werksbeamte" erfolgen darf, vorausgesetzt, daß dieselben von der Oberbergbehörde als hierzu befähigt anerkannt sind.

Zum vierten Titel.

Von den Rechtsverhältnissen der Mitbetheiligten eines Bergwerks.

Das Gewerkschaftsrecht ist eine für den Bereich des französischen Bergrechts neue Materie. Die Gewerkschaft, welche als besonders ausgeprägte Gesellschaftsform für den Bergbau, der deutschen Rechtsentwickelung angehört, hat in den neueren Berggesetzen die Eigenschaften der juristischen Persönlichkeit erlangt und eignet sich in Folge dessen mehr noch als früher dazu, die Rechtsverhältnisse der Mitbetheiligten eines Bergwerksunternehmens zu regeln. Die Gesellschaftsformen des Civil- und des Handelsrechts berücksichtigen die eigenthümlichen Verhältnisse des Bergbaues nicht in gleichem Maaße, wie gerade die Gewerkschaft. Es besteht indeß keinerlei gesetzlicher Zwang zur Annahme der gewerkschaftlichen Verfassung, vielmehr ist den Betheiligten die freie Wahl zwischen den verschiedenen Arten der Erwerbsgesellschaften gelassen. Haben die Betheiligten eine der in den allgemeinen Gesetzen vorgesehenen Gesellschaftsformen angenommen, so bleibt das desfallsige Rechtsgeschäft maßgebend, und erst in Ermangelung eines solchen tritt auf Grund des Berggesetzes das Gewerkschaftsverhältniß ein, welches wiederum durch statutarische Vereinbarung den Bedürfnissen des einzelnen Falles angepaßt werden kann. (§§. 113 u. 75.)

Es erscheint wichtig, diese Rechtslage, welche wegen der Stellung des §. 113 am Ende des vierten Titels nicht sofort in die Augen springt, besonders zu betonen, weil hiermit die gegen die Zweckmäßigkeit einiger Bestimmungen der gewerkschaftlichen Verfassung geäußerten Bedenken jede praktische Bedeutung verlieren. Auch ist daran zu erinnern, daß die Rechtsverhältnisse der bereits bestehenden Bergwerksgesellschaften nach §. 187 überhaupt unverändert gelassen sind. Im Uebrigen steht zu erwarten, daß das im vierten Titel enthaltene Normalstatut der Gewerkschaft sich auch in Elsaß-Lothringen im Wesentlichen bewähren wird.

Zu §. **77.** Die Fassungsänderung im Absatz 2 bezweckt keine sachliche Abweichung von dem preuß. Berggesetze, sondern nur eine dem französischen Rechte mehr entsprechende Ausdrucksweise. (Das bayer. Berggesetz bestimmt nichts hinsichtlich des Gerichtsstandes, weil durch die allgemeinen prozessualischen Bestimmungen bereits Vorsorge getroffen ist.)

Zu §§. **97** bis **108.** Die Bestimmungen über die Repräsentation der Gewerkschaften schließen sich insoweit an den bestehenden Rechtszustand an, als bereits durch Art. 7 des Gesetzes über die Austrocknung und den Betrieb der Bergwerke vom 27. April 1838 angeordnet wurde, daß die Mitbetheiligten eines Bergwerks einen sie nach außen vertretenden Bevollmächtigten zu bestellen haben. Nunmehr ist aber diese Vertretung in die Organisation der Gewerkschaft eingefügt und das Rechtsverhältniß nach allen Seiten hin näher geregelt.

Zu §. **109.** In den hier bezeichneten Klagesachen bedarf es mit Rücksicht auf die Dringlichkeit eines vorgängigen Vergleichsversuches nicht. (Vergl. Art. 49 der Civilprozeßordnung.)

Zum fünften Titel.

Von den Rechtsverhältnissen zwischen den Bergbautreibenden und den Grundbesitzern.

Zu den wichtigsten Aufgaben der neueren Berggesetzgebung gehört die Aufstellung klarer und erschöpfender Grundsätze, nach welchen die mannigfach gestalteten Rechtsverhältnisse zwischen den Bergbautreibenden und den Grundbesitzern zu beurtheilen sind. Das Berggesetz von 1810 enthält nur vereinzelte Bestimmungen hierüber; erst in der langjährigen Praxis hat sich mit Hülfe des Civilrechts ein zusammenhängendes System ausgebildet, welches indeß der weiteren gesetzlichen Entwickelung bedurfte.

Zu §§. **115** bis **126**. In Bezug auf die Abtretung von Oberflächenterrain zu bergbaulichen Zwecken kennt das französische Bergrecht kein Expropriationsrecht, sondern nur ein Occupationsrecht des Bergwerkseigenthümers (droit d'occupation) innerhalb seines Concessionsfeldes in Bezug auf den für seinen Bergbau erforderlichen fremden Grund und Boden. Gegenstand und Umfang dieses Rechts sind aber nicht genügend festgestellt und daher streitig. Außerdem entbehrt der Grundbesitzer insofern des erforderlichen vollen Schutzes, als die Ausübung des Occupationsrechts nicht mit den Formen eines gesetzlich geordneten Verfahrens umgeben ist, wenngleich die herrschende Praxis sich für eine jedesmalige Mitwirkung der Verwaltungsbehörden entschieden hat. Andererseits widerstreitet es den Rücksichten auf die Hebung des Bergbaues, daß das Occupationsrecht für den weiten Umkreis der im Art. 11 des Berggesetzes von 1810 bezeichneten Oertlichkeiten ganz ausgeschlossen und auch auf die Anlage nothwendiger Anschlußbahnen nicht ausgedehnt ist, und daß ferner dem Grundeigenthümer für den abgetretenen Grund und Boden eine Entschädigung geleistet werden muß, welche das Doppelte des wirklichen Reinertrages oder Werthes des Grundstücks beträgt.

Dem jetzigen Berggesetze, welches in anderer Weise eine gerechte und billige Ausgleichung zwischen den beiderseitigen Interessen erstrebt, stehen diese Einwendungen nicht entgegen.

Die im §. 115 aufgezählten bergbaulichen Anlagen und Vorrichtungen sind für die Gewinnung, die weitere Zubereitung und den Vertrieb der Bergwerkserzeugnisse so unentbehrlich, daß es als eine wirthschaftliche Nothwendigkeit anzusehen ist, den Grundbesitzer zur Abtretung des für jene Anlagen und Vorrichtungen erforderlichen Grund und Bodens gesetzlich zu verpflichten. Das französische Bergrecht hat in dieser Hinsicht die Bedürfnisse des Bergbaues nicht genügend gewürdigt. Durch die Vorschrift im §. 115 wird daher anerkannten Uebelständen abgeholfen, andererseits aber auch die Abtretungsverbindlichkeit des Grundeigenthümers so genau abgegrenzt, daß derselbe gegen ungesetzliche Eingriffe in sein Eigenthum sichergestellt ist.

Beiläufig bemerkt, ist das dem Grundeigenthümer im §. 141 des preuß. Berggesetzes eingeräumte Vorkaufs- und Wiederkaufsrecht nicht übernommen, weil dasselbe einestheils etwas Fremdartiges in das bestehende Recht hineinbringen und namentlich im Art. 60 des französischen Expropriationsgesetzes vom 3. Mai 1841 keine Analogie finden würde, anderentheils aber auch als entbehrlich anzusehen ist, indem der Grundeigenthümer, welcher ja gesetzlich überhaupt nicht zur Abtretung des Eigenthums seines Grundstücks an den Bergbautreibenden verpflichtet ist, sich bei einer freiwilligen Eigenthumsüberlassung das Vorkaufs- oder Wiederkaufsrecht vertragsmäßig sichern kann.

Im französischen Bergrechte fehlt es, wie schon erwähnt, an einem gesetzlich geordneten Zwangsverfahren für die Fälle, in welchen der Bergbautreibende sich mit dem Grundbesitzer wegen Ueberlassung des für den Bergbau erforderlichen Terrains nicht gütlich einigen kann. Das Verfahren, welches in dem Expropriationsgesetze vom 3. Mai 1841 für die zwangsweise Enteignung des öffentlichen Nutzens wegen angeordnet ist, ließ sich ohne Schwierigkeiten nicht den wesentlich abweichenden Verhältnissen des Bergbaues anpassen. Dagegen empfahl es sich, das als zweckmäßig bewährte Verfahren des preuß. Berggesetzes (§§. 142 bis 147) im Wesentlichen zu übernehmen, indem hierbei die beiderseitigen Interessen gleichmäßig vertreten und unpartheiisch gegen einander abgewogen werden, die häufig der Beschleunigung bedürftige Entscheidung nicht durch weitläuftige Formalitäten aufgehalten und in der überwiegenden Mehrzahl der Fälle eine Verständigung der Parteien herbeigeführt wird.

Die aus den §§. 121, 122 und 124 ersichtlichen Abweichungen hängen mit der Einrichtung der allgemeinen Verwaltung im Reichslande und dem Bestreben nach möglichster Vereinfachung des Geschäftsganges zusammen. Ohne die Vortheile, welche die Gemeinschaftlichkeit des Verfahrens zwischen der Bergbehörde und der politischen Verwaltungsbehörde gewährt, preiszugeben, kann doch die Instruktion der Sache und die erste Entscheidung, statt wie in dem preuß. Berggesetze durch das Oberbergamt und die Regierung, durch den Bergmeister und den Kreisdirektor erfolgen. Diese werden wegen ihrer Bekanntschaft mit den Personal- und örtlichen Verhältnissen vorzugsweise geeignet sein, die Frage der Nothwendigkeit der Grundabtretung zu untersuchen, sowie die dem Grundbesitzer zu leistende Entschädigung und Kaution unter Zuziehung von Sachverständigen zu ermitteln. Bei dem Oberpräsidium, welchem die Rekursentscheidung übertragen ist, vereinigen sich die Funktionen der Oberbergbehörde und der obersten politischen Verwaltungsbehörde.

Zu §§. **127** bis **131**. Unabhängig von der Grundabtretung hat das Bergrecht die Verbindlichkeit des Bergbautreibenden zum Schadensersatz bei Beschädigungen des Grundeigenthums durch den Bergbau zu regeln. Das Berggesetz von 1810 enthält, wenn von dem die Kautionspflicht für einen besonderen Fall feststellenden Art. 15 abgesehen wird, keinerlei Vorschriften über den Schadensersatz; Wissenschaft und Praxis haben aber in Frankreich Grundsätze ausgebildet, mit welchen die Behandlung der Entschädigungsfrage in den neueren deutschen Berggesetzen und ebenso in dem vorliegenden Gesetze wesentlich übereinstimmt. Namentlich gilt dies von dem Grundsatze, daß der beschädigte Grundbesitzer zwar eine vollständige, aber nur einfache Entschädigung zu beanspruchen hat, nicht aber das in den Art. 43 und 44 des Berggesetzes von 1810 für den Fall der Grundabtretung zugelassene Doppelte der Entschädigung fordern kann.

Zu §§. **132** u. **133**. Die Frage, ob der Grundeigenthümer, welcher in Folge der Benutzung seines Oberflächenterrains ein Bergwerk beschädigt, seinerseits verpflichtet sei, dem Bergwerksbesitzer Schadensersatz zu leisten, gehört dem Civilrechte an, nach welchem als Grundsatz gilt, daß der Grundeigenthümer, falls nicht dolus vorliegt, keinen Ersatz für den einem Bergwerke zugefügten Schaden zu leisten hat.

Die neuere Rechtsentwickelung hat indeß zu einer Ausnahme von dieser Regel geführt und zwar in dem Falle, wenn der Bergwerksbesitzer genöthigt ist, sein Ausbeutungsrecht zum Schutze öffentlicher Verkehrsanstalten einzuschränken. Nach sorgfältiger Abwägung der Rechts- und Billigkeitsgründe, sowie der concurrirenden öffentlichen Interessen ist die Berggesetzgebung in Preußen und Bayern dazu gelangt, dem Bergwerksbesitzer in diesem Falle einen beschränkten Entschädigungsanspruch zu gewähren (§. 154, Art. 157). Aehnliche Grundsätze gelten in Sachsen und Oesterreich. In Frankreich hat die Rechtsprechung bei dem Mangel gesetzlicher Vorschriften in dieser Frage geschwankt. Es hat sich demnach nur empfehlen können, durch den Anschluß an das preuß. und bayer. Berggesetz einen klaren und gesicherten Rechtszustand zu schaffen, welcher der Entwickelung der Verkehrsmittel in den Bergbaubezirken des Landes wesentlich zu Statten kommen wird.

Nicht übernommen sind in das vorliegende Gesetz die Vorschriften im Abs. 2 des §. 154 und im §. 155 des preuß. Berggesetzes, indem hierzu kein Bedürfniß vorlag und auch bereits das bayer. Berggesetz von denselben abgesehen hat.

Zum sechsten Titel.

Von der Aufhebung des Bergwerkseigenthums.

Von den beiden Fällen der Aufhebung des Bergwerkseigenthums, dem freiwilligen Verzichte und der zwangsweisen Entziehung, behandelt das Berggesetz von 1810 den ersteren Fall gar nicht, und wenn gleichwohl ein solcher freiwilliger Verzicht zugelassen wird, so findet ein lediglich auf Verwaltungsvorschriften beruhendes Verfahren statt. Diese Lücke ist nunmehr zweckmäßig ausgefüllt, jedoch der im preuß. und bayer. Berggesetze (§. 162, Art. 164) zugelassene Verzicht auf einzelne Theile eines Feldes nicht für statthaft erklärt, weil die gedachte Bestimmung leider zu dem Mißbrauche Anlaß gegeben hat, daß auf Feldestheile von geringem Umfange, welche den Fundpunkt einschlossen, lediglich zu dem Zwecke verzichtet worden ist, um auf den frei gewordenen Fund eine neue Muthung einzulegen und ein zweites Bergwerkseigenthum zu erwerben.

Die zwangsweise Entziehung des Bergwerkseigenthums hielt man mit der in dem Berggesetze von 1810 proclamirten und stark betonten Unwiderruflichkeit des Bergwerkseigenthums so wenig vereinbar, daß in das Gesetz nur die dunkele Vorschrift des Art. 49 aufgenommen wurde, nach welcher der obersten Staatsgewalt außerordentliche Vorkehrungen vorbehalten sind, wenn der Betrieb auf eine solche Weise beschränkt oder eingestellt ist, daß die öffentliche Sicherheit oder das Bedürfniß der Consumenten dadurch gefährdet wird. Ueber die Art dieser Vorkehrungen ist aber nichts bestimmt. Erst das Gesetz, betreffend die Austrocknung und den Betrieb der Bergwerke, vom 27. April 1838 hat hier, nicht eben im Geiste des Berggesetzes, ergänzend und abändernd eingegriffen. Dasselbe läßt nämlich den Zwangsverkauf einer Bergwerksconcession und eventuell den Rückfall derselben unter das Verfügungsrecht des Staates zu: erstens, wenn nach jenem Gesetze eine Zwangsgenossenschaft zur Austrocknung benachbarter Bergwerke gebildet ist, aber die zur Ausführung der Anlage erforderlichen Beiträge der Concessionäre nicht entrichtet werden; zweitens, wenn die Gesetze oder Reglements die Behörde ermächtigen, Arbeiten in Bergwerken auf Kosten der Concessionäre ausführen zu lassen und letztere diese Kosten nicht entrichten; endlich drittens, wenn einer der im Art. 49 des Berggesetzes vorgesehenen Fälle vorliegt. Berücksichtigt man, daß in allen diesen Fällen die Entziehung des Bergwerkseigenthums lediglich auf dem administrativen Wege vor sich geht, so hat offenbar die Unwiderruflichkeit dieses Eigenthums nachträglich sehr wesentliche und nicht unbedenkliche Modifikationen erlitten.

Diesem Einwurfe ist das vorliegende Berggesetz in Ueberein- stimmung mit dem preuß. und bayer. Berggesetze dadurch begegnet, daß es die Entziehung des Bergwerkseigenthums nur in dem einzigen Falle zuläßt, wenn der Eigenthümer das Bergwerk unbenutzt liegen läßt, obgleich der Unterlassung oder Einstellung des Betriebes überwiegende Gründe des öffentlichen Interesses entgegenstehen, und daß durch die Art des Verfahrens jedem weiter gehenden Eingriffe in das Eigenthum vorgebeugt, mithin eine gesetzliche Garantie geschaffen ist, welche den Werth und Kredit des Bergwerkseigenthums unverkennbar erhöht.

Demnach verdienen die Grundsätze des preuß. und bayer. Berggesetzes (§§. 156 bis 160; Art. 159 bis 162) den Vorzug vor der gegenwärtigen Rechtslage in Elsaß-Lothringen.

Zum siebenten Titel.

Von den Knappschaftsvereinen.

Während in Deutschland das Knappschaftswesen mit Hülfe der Berggesetzgebung schon früh ausgebildet und zu seiner gegenwärtigen Blüthe emporgebracht worden ist, und Belgien selbst ohne Nachhülfe des Gesetzes bereits namhafte Erfolge mit den Kranken- und Pensionskassen für Bergleute (caisses de secours, caisses de prévoyance) erreicht hat, bedarf das Institut in Frankreich noch sehr der Entwickelung. Das Berggesetz von 1810 hat keinen Grund für dasselbe gelegt, und die im Laufe der Zeit auf einzelnen Werken entstandenen Unterstützungskassen sind nicht geeignet, den größeren Aufgaben der Knappschaftsvereine, namentlich auch in Bezug auf das Pensionswesen, entsprechen zu können. In Preußen, wo die Knappschaftseinrichtungen während einer langen Periode mit besonderer Sorgfalt und Ausdauer gepflegt worden sind, steht es heute außer Frage, daß die Knappschaftsvereine vorzugsweise dazu beitragen, die wirthschaftliche Lage des zahlreichen Bergarbeiterstandes zu verbessern und die Schwierigkeiten der solialen Frage zu vermindern. Es liegt daher im wohlverstandenen Interesse der Bergwerksbesitzer wie der Bergleute in Elsaß-Lothringen, die Knappschaftseinrichtung ebenso, wie dies auch in Bayern und anderen deutschen Staaten geschehen ist, bei sich aufzunehmen und mit Vorliebe zu behandeln, wozu die gemeinsame Thätigkeit beider Theile, welche zum Wesen der Knappschaftsvereine gehört, die beste Gelegenheit darbietet. Die Organisation dieser Vereine in dem preußischen Berggesetze ist die Frucht langjähriger Erfahrungen und kann um so unbedenklicher übernommen werden, als dieselbe für die verschiedenartigsten Verhältnisse des Bergbaues paßt und das Gesetz die Knappschaftsvereine keineswegs in starre Formen zwängen will, sondern der weiteren Entwickelung hinreichenden Raum läßt.

Zu §§. **142** bis **144**. Die gesetzliche Zwangspflicht zur Errichtung von Knappschaftsvereinen und zum Eintritt in dieselben ist nicht, wie im preuß. und bayer. Berggesetze (§. 165, Art. 167), auf die Salinen ausgedehnt, weil eine hinreichende Veranlassung hierzu mit Rücksicht auf die im Allgemeinen ungefährliche und gesunde Berufsthätigkeit der Salinenarbeiter nicht vorlag. Dagegen ist nicht bloß den Salinen, sondern auch den weiter im §. 144 bezeichneten gewerblichen Anlagen und Mineralgewinnungen die Berechtigung beigelegt, mit ihren Arbeitern den Knappschaftsvereinen beizutreten, um die Wohlthaten des Instituts den Arbeitern verwandter Betriebszweige in möglichst ausgedehntem Umfange zugänglich zu machen und bei größeren Werkskomplexen den Beitritt sämmtlicher Arbeiterkategorien zu einer und derselben Unterstützungskasse zu begünstigen.

Da das Berggesetz für Elsaß-Lothringen keine bereits organisirte Knappschaftsvereine vorfindet, wie dies seiner Zeit bei dem preuß. und bayer. Berggesetze der Fall war, so haben die Bestimmungen über die erste Einrichtung der neuen Vereine entsprechend vereinfacht werden können.

Zu §. **153**. Die Abänderung bezweckt nur eine den bestehenden Einrichtungen mehr entsprechende Fassung.

Zu §§. **159** bis **161**. Zur Vereinfachung des Geschäftsbetriebes ist die staatliche Ueberwachung der Knappschaftsvereine ebenso, wie in Bayern (Art. 186 bis 188), nicht der Oberbergbehörde, sondern der Lokalbergbehörde übertragen, wie denn auch in Preußen der Regel nach die Revierbeamten als oberbergamtliche Kommissare mit der Ausübung des Aufsichtsrechts betraut sind.

Zu §. **163**. Die Knappschaftseinrichtung darf nicht dazu führen, daß die Vereinsmitglieder in der ihnen durch das Reichsgesetz vom 1. November 1867 (vergl. das Einführungsgesetz vom 8. Januar 1873, Gesetzblatt S. 1) garantirten Freizügigkeit beeinträchtigt werden. Es ist deßhalb erforderlich, die Mitglieder, welche ihren Vereinsbezirk verlassen und in dem Bezirke eines anderen Knappschaftsvereins Arbeit nehmen wollen, vor dem Verluste ihrer wohlerworbenen Rechte zu schützen. In Preußen konnte dieser Zweck seither nur dadurch erreicht werden, daß die Knappschaftsvereine unter einander Verträge bezüglich der gegenseitigen Uebernahme von Mitgliedern und der hierbei zu stellenden Bedingungen abschließen. Die durch §. 163 erfolgte generelle gesetzliche Regelung führt indeß einfacher und sicherer zum Ziele und ist hier auch insofern unbedenklich, als die Knappschaftsvereine auf gleicher Grundlage neu errichtet, mithin dem künftigen Uebertritt von einem Vereine in den anderen vermögensrechtliche Schwierigkeiten nicht entgegenstehen werden.

Zum achten Titel.

Von den Bergbehörden.

Die Bestimmungen dieses Titels über die Einrichtung und Zuständigkeit der Bergbehörden schließen sich an das denselben Gegenstand vorläufig regelnde Gesetz vom 14. Juli 1871 (Gesetzblatt für Elsaß-Lothringen von 1871 S. 250; Zeitschr. für Bergrecht Jahrg. XII S. 339) zwar im Allgemeinen an, weichen aber doch in zwei Punkten von demselben nicht unwesentlich ab.

Zunächst sind die Geschäfte der Bergverwaltung, welche während des Uebergangsstadiums auf Grund des Art. 8 jenes Gesetzes und der Verordnung des Reichskanzlers vom 7. September 1871 (Gesetzblatt S. 337; Zeitschr. S. 341) von dem Oberbergamte zu Bonn wahrgenommen wurden, vom 1. April 1874 ab den Landesbehörden vollständig überlassen. Die Funktionen der Oberbergbehörde liegen dem Oberpräsidenten als Spitze der Landesverwaltung ob, indem der Umfang der Bergbauangelegenheiten nicht bedeutend genug ist, um die Errichtung eines eigenen Oberbergamts rechtfertigen zu können.

Sodann ist im Interesse der Vereinfachung des Geschäftsbetriebes und in Ueberstimmung mit dem bayer. Berggesetze (Art. 192) die durchaus unbedenkliche Einrichtung getroffen, daß nur zwei Verwaltungsinstanzen bestehen. Ueber Rekurse gegen Verfügungen und Beschlüsse des Bergmeisters endscheidet der Oberpräsident endgültig, während Verfügungen und Beschlüsse, welche der Oberpräsident in erster Instanz erläßt, der Rekursentscheidung des Reichkanzlers unterliegen. Hiernach werden mit Rücksicht auf die gleichzeitig im Gesetze erweiterte Zuständigkeit des Bergmeisters der Hauptsache nach nur Muthungsstreitigkeiten den Gegenstand von Rekursen an den Reichskanzler bilden. Der Bergmeister hat aber in erster Instanz alle diejenigen Geschäfte wahrzunehmen, welche nach dem Berggesetze der Bergbehörde obliegen und nicht ausdrücklich der Oberbergbehörde übertragen sind, worüber der Wortlaut des Gesetzes entscheidet.

Zum neunten Titel.
Von der Bergpolizei.

Was die französische Berggesetzgebung, insbesondere das Bergpolizeidekret vom 3. Januar 1813 über die Bergpolizei bestimmt, hat bei Abfassung des preuß. Berggesetzes in wesentlichen Punkten zum Vorbilde gedient, so daß hinsichtlich der leitenden Grundsätze kaum eine Verschiedenheit zwischen beiden Rechten besteht. Indeß sind doch in dem preuß. Berggesetze die polizeilichen Befugnisse der Behörde noch bestimmter abgegrenzt, als in den französischen Vorschriften, und andererseits ist dort den technischen Bergbehörden, was sowohl den Erlaß von Bergpolizeiverordnungen als auch die executive Bergpolizei betrifft, diejenige Selbständigkeit beigelegt, welche zu einer wirksamen polizeilichen Ueberwachung des Bergbaues erforderlich, den Bergbeamten in Frankreich aber nicht eingeräumt ist. Diese Vorzüge hat auch das vorliegende Gesetz sich angeeignet.

Zu §. **172**. Es würde unzweckmäßig sein, die polizeiliche Aufsicht der Bergbehörden auf den Bergbau im engeren Sinne, nämlich denjenigen zu beschränken, welcher die Gewinnung der nach §. 1 von dem Verfügungsrechte des Grundeigenthümers ausgeschlossenen Mineralien bezweckt. Ob es im öffentlichen Interesse liegt, die polizeilichen Funktionen der technischen Bergbehörde zu übertragen, hängt nicht mit der rechtlichen Behandlung der unterirdischen Mineralschätze zusammen; maßgebend kann nur der Gesichtspunkt sein, daß die Gewinnung von Mineralien häufig mit Gefahren für die Arbeiter und das Publikum verbunden, sowie von gemeinschädlichen Einwirkungen begleitet ist, und daß zur richtigen Beurtheilung dieser Verhältnisse besondere technische Kentnisse und Erfahrungen erforderlich sind. Diese Rücksichten treffen aber nicht bloß bei den eigentlichen Bergwerken, sondern auch bei den unterirdischen Steinbrüchen zu, weßhalb der polizeiliche Wirkungskreis der Bergbehörde im §. 172 nach dem Vorgange des Berggesetzes von 1810 entsprechend erweitert ist. (Vergl. auch Art. 197 des bayer. Berggesetzes.)

Was sodann die Tagebaue auf Eisenerze betrifft, so standen dieselben als Gräbereien seither schon unter der polizeilichen Aufsicht der Bergbehörde, mochte der Betrieb auf Grund einer förmlichen Permission oder nach den einfacheren Formen des Gesetzes vom 9. Mai 1866 (Art. 3) nur auf Grund einer Bescheinigung der Behörde über die erfolgte Anmeldung stattfinden. Dieses Aufsichtsrecht der Bergbehörde ist im §. 172 ebenfalls aufrecht erhalten, weil der Betrieb solcher Tagebaue in gefährlicher Weise mit dem unterirdischen Bergwerksbetriebe in Kollision gerathen kann und schon aus diesem Grunde nach bergtechnischen Regeln geführt werden muß. Dieselbe Rücksicht nöthigt aber auch zur bergpolizeilichen Beaufsichtigung derjenigen Tagebaue auf Eisenerze, welche von Grundeigenthümern auf Grund der §§. 2 und 189 des neuen Berggesetzes eröffnet werden.

Zu §. **173.** Obgleich nach Art. 81 und 82 des Berggesetzes von 1810 die Beaufsichtigung der mittelst Tagebaues betriebenen Steinbrüche zunächst Sache der Ortspolizei ist, so sind doch in Frankreich die allgemeinen Reglements über den Steinbruchsbetrieb stets auch auf diese Klasse von Steinbrüchen ausgedehnt worden, und unter andern ist dies auch mit dem kaiserlichen Dekrete über den Betrieb der Steinbrüche im Departement Oberrhein vom 15. Juni 1861 (Zeitschr. für Bergrecht Jahrg XIII S. 427 ff.) der Fall. Diese Vereinigung der Vorschriften für den ober- und den unterirdischen Steinbruchsbetrieb bietet manche Vortheile dar und erleichtert namentlich auch eine einheitliche Behandlung der polizeilichen Anordnungen für den Tagebaubetrieb. Mit Rücksicht hierauf behält der §. 173 der Oberbergbehörde die Befugniß vor, auch künftig gemeinschaftliche Polizeiverordnungen für beide Arten des Steinbruchsbetriebes zu erlassen, wenn auch im Uebrigen die Handhabung der Polizei auf den mit Tagebau betriebenen Steinbrüchen der Ortspolizeibehörde, nöthigenfalls unter dem technischen Beistande der Bergbehörde, vorbehalten bleibt.

Zu §§. **174** u. **175.** Wird die Aufgabe der Bergpolizei gegenüber dem unter Selbstverwaltung stehenden Bergbau richtig aufgefaßt, so liegt es in der Natur der Sache, daß die praktische Ausübung der Bergpolizei sich verschieden gestalten muß, je nachdem die Gefahr, welcher vorgebeugt oder die beseitigt werden soll, eine dringende, unmittelbare oder eine entferntere ist. Diese Unterscheidung in Bezug auf das Verfahren hat deßhalb nach dem Vorgange des Bergpolizeidekrets vom 3. Januar 1813 (Art. 3 bis 5) und ebenso des preuß.

und bayer. Berggesetzes (§§. 198, 199, Art. 200) auch in den vorliegenden §§. 174 und 175 Ausdruck gefunden. Letztere weichen aber von den Vorschriften des preuß. Berggesetzes insofern ab, als dieses in Fällen dringender Gefahr die Bestätigung der von dem Revierbeamten getroffenen polizeilichen Anordnungen und in allen übrigen Fällen diese Anordnungen selbst dem Oberbergamte vorbehält, während hier die bergpolizeilichen Maßregeln ohne Ausnahme dem Bergmeister selbstständig überlassen sind und die Oberbergbehörde sich nur mit der Rekursentscheidung zu befassen hat. Die Einrichtung des preuß. Berggesetzes garantirt in verstärktem Maaße den beabsichtigten Rechtsschutz des Bergwerksbesitzers und die angestrebte Vermeidung administrativer Willkür, und befördert ein Verfahren nach gleichförmigen Grundsätzen, ohne eine rasche polizeiliche Exekutive, wo sie wirklich nothwendig ist, zu lähmen; setzt andererseits aber bergtechnische Behörden voraus, wie solche in den Oberbergämtern bestehen. Bei den einfacheren Verhältnissen in Elsaß-Lothringen hat es gleichwohl kein Bedenken finden können, die Zuständigkeit der Bergmeister in der angegebenen Weise zu erweitern, zumal das Rekursrecht der Betheiligten gewahrt und zugleich der nicht zu unterschätzende Vortheil einer Geschäftsvereinfachung erreicht ist. Es erscheint hierbei aber besonders wichtig, daß der Bergmeister nach Vorschrift des Gesetzes die Form eines förmlichen Beschlusses wahrt und die Vernehmung des Bergwerksbesitzers oder des Repräsentanten nicht verabsäumt.

Zu §§. **180** bis **182**. Die Vorschriften über das Verfahren bei Unglücksfällen stimmen im Wesentlichen mit denjenigen des Bergpolizeidekrets von 1813 überein, gewähren aber der Bergbehörde eine größere, gerade bei Unglücksfällen erforderliche Selbstständigkeit des Handelns. Auch die im §. 181 Abs. 3 ausgesprochene Verpflichtung der Besitzer benachbarter Bergwerke zur Hülfeleistung ist bereits in dem seitherigen Rechte (Art. 17 des Bergpolizeidekrets) begründet.

Zu §§. **183** bis **185**. Da das Strafgesetzbuch des deutschen Reiches durch das Gesetz vom 30. August 1871 in Elsaß-Lothringen eingeführt ist (Gesetzblatt von 1871 S. 255), so gehören die Zuwiderhandlungen gegen berggesetzliche und bergpolizeiliche Vorschriften zu den „Uebertretungen" im Sinne des §. 1 des Strafgesetzbuches und unterliegen daher den für diese allgemein maßgebenden materiellen und prozessualischen Vorschriften.

Zum zehnten Titel.

Uebergangs- und Schlußbestimmungen.

Zu §. **186**. Der §. 186 stellt die Grundsätze fest, nach welchen die auf Grund des Berggesetzes von 1810 eingelegten und am 1. April 1874, bei Eintritt der Gesetzeskraft des neuen Berggesetzes, noch in der Instruktion begriffenen Bergwerks-Concessionsgesuche behandelt werden sollen. Es ist unterschieden zwischen den bis zu diesem Zeitpunkte publizirten Gesuchen und den mit der Erledigung derselben zusammenhängenden Concessionsgesuchen, Concurrenzgesuchen und Oppositionen einerseits und den bis dahin nicht publizirten sonstigen Concessionsgesuchen. Nur die Ersteren sollen nach den bisherigen Gesetzen erledigt, die Letzteren dagegen als Muthungen im Sinne des neuen Gesetzes behandelt werden, vorausgesetzt, daß sie den gesetzlichen Erfordernissen derselben entsprechen, wogegen Concessionsgesuche, welche nicht einmal diesen Erfordernissen genügen, keinerlei Berücksichtigung mehr finden können, sondern einfach zurückzuweisen sein werden. Diese Unterscheidung entspricht der Natur der Sache und war zur Vermeidung von Mißbräuchen nothwendig.

Daß Concurrenzgesuche und Oppositionen gegen bereits publizirte Concessionsgesuche ebenso wie letztere selbst nach den Vorschriften des Berggesetzes von 1810 zu behandeln sind, erscheint selbstverständlich. Der nämliche Grundsatz muß nun aber auch hinsichtlich derjenigen Concessionsgesuche gelten, welche zwar noch nicht publizirt sind, aber ebenfalls mit der Erledigung bereits publizirter Gesuche zusammenhängen; denn da eben wegen dieses Zusammenhanges mitunter die Publikation nachfolgender Concessionsgesuche nicht erforderlich ist oder einstweilen ausgesetzt werden kann, so würde es unbillig sein, solchen Gesuchen bloß dieses Umstandes halber die Erledigung nach dem bisherigen Gesetze zu versagen. Andererseits muß aber auch den Erfordernissen des Letzteren vollständig entsprochen werden, um die Concession noch erlangen zu können.

Bis zur endgültigen Entscheidung über die vorbezeichneten Concessionsgesuche bedürfen dieselben eines Schutzes gegen Muthungen Dritter, welcher im Abs. 2 dadurch gewährt wird, daß das begehrte Feld gemäß §. 20 des neuen Gesetzes, welcher von der Schließung der Muthungsfelder handelt, ebenfalls geschlossen sein soll. Hierzu ist aber, wie sich aus der Verweisung auf den §. 20 ergiebt, erforderlich, daß das Feld „gesetzlich" im Sinne des bisherigen Berggesetzes begehrt und auf dem Concessionsrisse angegeben ist.

Um ein nicht publizirtes Concessionsgesuch nach Abs. 3 als Muthung behandeln zu können, müssen bei demselben die formellen und materiellen Erfordernisse einer Muthung vorhanden und auch die gesetzlichen Bedingungen bezüglich der Beschaffenheit und Einreichung des Situationsrisses nach Maßgabe des neuen Gesetzes erfüllt sein. Unter diesen Gesichtspunkten bedarf es der Prüfung jedes einzelnen Falles.

Zu §. **187**. Von der mit §. 187 übereinstimmenden Vorschrift im §. 240 des preuß. Berggesetzes ist in den linksrheinischen Landestheilen wiederholt Gebrauch gemacht worden, um die Rechtsverhältnisse von Bergwerksgesellschaften zweckmäßiger zu ordnen. Die Uebernahme dieser Vorschrift war daher angemessen. (Vergl. auch Art. 237 des bayer. Berggesetzes.)

Zu §. **188**. Auch diese Uebergangsbestimmung ist dem preuß. und bayer. Berggesetze (§. 241, Art. 238) entnommen, um Zweifeln über die Tragweite der neuen Vorschriften bezüglich der Grundabtretung zu begegnen.

Zu §. **189**. Die Vorschriften des §. 189 dienen zur Ausführung des Vorbehalts, welcher im §. 2 des Gesetzes hinsichtlich der Eisenerzgewinnung des Grundeigenthümers gemacht ist. Nur der Tagebau auf Eisenerze steht hiernach dem Grundeigenthümer zu. Will derselbe zum unterirdischen Betriebe übergehen, so kann er rechtlich nicht anders behandelt werden, wie jeder sonstige Bergwerksbetreiber und muß daher auf Grund einer Muthung zunächst das Bergwerkseigenthum erwerben, wobei selbstverständlich vorausgesetzt ist, daß das Recht zur unterirdischen Gewinnung der Eisenerze nicht bereits einem Dritten zusteht. Nach Art. 3 des Gesetzes vom 9. Mai 1866 darf der Grundeigenthümer vom Tagebaubetriebe auch zum unterirdischen Betriebe übergehen, wenn er hierzu vorher die Erlaubniß (permission) des Präfekten, in welcher die besonderen Bedingungen für einen solchen Betrieb festzusetzen sind, erhalten hat. Zur Beibehaltung dieser singulären Bestimmung lag aber eine Veranlassung um so weniger vor, als der Grundeigenthümer nach den allgemeinen Vorschriften des neuen Gesetzes die Berechtigung, auch die tiefer gelegenen Eisenerze auszubeuten, mit Leichtigkeit erlangen kann und zudem durch die Form der Muthung gegen die Auferlegung willkürlicher Bedingungen gesichert ist.

Nach §. 2 darf der Grundeigenthümer ein Eisenerzvorkommen nur dann mittelst Tagebaues ausbeuten, wenn diese Gewinnung den unterirdischen Abbau der tiefer gelegenen Eisenerze aus bergtechnischen oder bergpolizeilichen Gründen nicht unmöglich macht. Ob diese Voraussetzung vorliegt oder nicht, und ob demnach ein Tagebaubetrieb von dem Grundeigenthümer überhaupt begonnen werden darf oder ein derartiger bereits begonnener Betrieb wieder eingestellt werden muß, ist der Entscheidung der Oberbergbehörde vorbehalten. Diese Entscheidung kann entweder für den concreten Fall, namentlich bei einer Kollision zwischen dem Grundeigenthümer und dem Bergbautreibenden, oder auch nach Lage der Verhältnisse generell für ein größeres Terrain, mithin für eine Anzahl von Fällen getroffen werden. Mit Rücksicht auf die rein technischen Grundlagen der Entscheidung, für deren Objektivität die Stellung der Oberbergbehörde bürgt, erscheint die Ausschließung des Rechtsweges ebenso unbedenklich und sachgemäß, wie in anderen Fällen, in welchen es sich lediglich um bergtechnische Fragen handelt, z. B. über das Zusammenvorkommen von Mineralien (§§. 45, 46) oder über die Gestaltung eines Hülfsbaues in fremdem Felde (§§. 49, 50).

Die mit Art. 3 des Gesetzes vom 9. Mai 1866 übereinstimmende Vorschrift im Abs. 2 der §. 189 ist zur Ausübung der bergpolizeilichen Aufsicht über die Eisenerzgewinnung der Grundeigenthümer (§. 172) nicht zu entbehren und die Uebertretung derselben seitens des Grundeigenthümers daher auch unter Strafe gestellt (§. 183).

Zu §§. **190** u. **191**. Da die Gewinnung der nach §. 1 dem Berggesetze unterworfenen und der nach §§. 2 und 189 nur bedingungsweise dem Grundeigenthümer vorbehaltenen Mineralien nicht anders als nach den Vorschriften des Berggesetzes erfolgen darf, so ist es zur Sicherung der hierfür maßgebenden öffentlichen Interessen erforderlich, daß die unbefugte Gewinnung solcher Mineralien unter Strafe gestellt wird. Deßgleichen machen diese Interessen eine Strafandrohung gegen den Bergwerkseigenthümer für den Fall einer fahrlässigen oder vorsätzlichen Grenzüberschreitung nothwendig. Das deutsche Strafgesetzbuch enthält indeß ebenso wenig, wie das französische Recht, Strafbestimmungen für diese Zuwiderhandlungen.

Es sind deßhalb hier in abgekürzter Gestalt die Strafbestimmungen aufgenommen, welche in dem preuß. Spezialgesetze vom 26. März 1856 und dem bayer. Berggesetze Art. 211 und 212 enthalten sind.

Zu §. 192. Diese Vorschrift stellt in Bezug auf die Berechnungsweise der Fristen die wünschenswerthe Uebereinstimmung mit dem Handelsgesetzbuche (Art. 328) und der Wechselordnung (Art. 32) her, deren Einführung in Elsaß-Lothringen durch das Gesetz vom 19. Juni 1872 (Gesetzblatt S. 213) erfolgt ist.

Zu §. 193. Nachdem das die Besteuerung der Bergwerke betreffende Gesetz vom 16. Dezember 1873 alle entgegenstehenden Bestimmungen über diesen Gegenstand bereits vom 1. Januar 1874 ab außer Geltung gesetzt hat, treten auf Grund des §. 193 auch alle seitherigen allgemeinen und besonderen Vorschriften und Gewohnheiten über Gegenstände, auf welche das neue Berggesetz sich bezieht, vom 1. April 1874 ab außer Kraft. Dahin gehören insbesondere das Berggesetz vom 21. April 1810, einschließlich der einzelnen, bisher noch angewandten Vorschriften des Berggesetzes vom 28. Juli 1791, das Dekret über die Organisation des Bergwerkscorps vom 18. November 1810, das Bergpolizeidekret vom 3. Januar 1813, das Gesetz über die Austrocknung und den Betrieb der Bergwerke vom 27. April 1838, das Gesetz über das Salz vom 17. Juni 1840, soweit dasselbe bergrechtliche Vorschriften enthält, das Gesetz vom 9. Mai 1866, betreffend die Aufhebung und Abänderung gewisser Vorschriften des Berggesetzes von 1810.

In wie weit bereits bestehende Rechtsverhältnisse noch nach den bisherigen bergrechtlichen Vorschriften, ungeachtet der Außerkraftsetzung der Letzteren, zu beurtheilen sind, richtet sich nach den hierfür maßgebenden allgemeinen Rechtsgrundsätzen.

IV. Motive zu dem Bergwerksteuer-Gesetze vom 16. Dezember 1873.

Um den Zweck und die einzelnen Bestimmungen dieses Gesetzes zu erläutern, wird hier die wörtliche Wiedergabe der Motive genügen, welche dem zur Beschlußnahme des Bundesrathes gelangten Entwurfe des Gesetzes beigefügt waren. Dieselben lauten:

„Schon seit einer Reihe von Jahren haben die Bergbautreibenden in Frankreich es nicht an Anstrengungen fehlen lassen, um zu einer Ermäßigung der auf dem Berggesetze vom 21. April 1810 beruhenden Bergwerksabgaben zu gelangen. Hierbei ist namentlich auf Belgien hingewiesen worden, wo als verhältnißmäßige Bergwerkssteuer (redevance proportionelle) nicht, wie in Frankreich, fünf Prozent des Reinertrages der Bergwerke, sondern nur zwei Prozent desselben erhoben werden.

Die Mittheilung des Entwurfs eines Berggesetzes für Elsaß-Lothringen hat dortigen Hauptinteressenten des Bergbaues Veranlassung gegeben, die Frage der Besteuerung auf's Neue zur Sprache zu bringen und den dringenden Wunsch auszusprechen, daß die neue Landesregierung dem Bergbau diejenige Erleichterung in der Besteuerung gewähren möge, welche für das Aufblühen dieses Industriezweiges unerläßlich sei.

Es ist nicht zu verkennen, daß die jetzigen Begwerksabgaben, welche sich aus der verhältnißmäßigen fünfprozentigen Ertragssteuer, der festen Feldessteuer von 10 Franken für ein Quadratkilometer und dem Zuschlage von 10 Centimen auf den Frank beider Steuern (dem sogenannten Zuschlagszehntel) zusammensetzen, den Bergbau mehr belasten, als im Interesse seiner Entwickelung wünschenswerth erscheint. Die Belastung wird gegenwärtig für den Bergbau in Elsaß-Lothringen um so fühlbarer, als auf der einen Seite die belgische Konkurrenz besteht und auf der anderen Seite der gesammte Eisenerzbergbau im Preußen Abgabenfreiheit genießt. Insbesondere im Bereiche der oolithischen Eisenerze (Minette) hat überdies der Bergwerkseigenthümer den keiner Bergwerkssteuer unterworfenen Tagebaubetrieb des Grundeigenthümers unmittelbar neben sich.

Die Billigkeit und das allgemeine Landesinteresse sprechen dafür, bei Gelegenheit der Reform des materiellen Bergrechts auch eine Ermäßigung der Bergwerkssteuern im Wege der Gesetzgebung eintreten zu lassen. Mit Sicherheit ist anzunehmen, daß hierdurch der Aufschwung, dessen der Bergbau des Landes fähig ist, wesentlich befördert werden wird.

Der vorliegende Entwurf eines Spezialgesetzes über den Gegenstand bezweckt eine solche Erleichterung des Bergbaues.

Von der Einführung eines neuen Systems der Besteuerung, insbesondere von der Substituirung einer Bruttosteuer an Stelle der jetzigen Nettosteuer, ist hierbei abgesehen worden, weil die Grundsätze des französischen Besteuerungssystems sich durch eine langjährige Uebung befestigt haben. Auch sind die Wünsche der zunächst Betheiligten nicht auf eine gänzliche Beseitigung der bestehenden Einrichtung, sondern wesentlich nur darauf gerichtet, eine Ermäßigung der Reinertragssteuer auf den in Belgien eingeführten Satz von zwei

Prozent zu erlangen. Diesem Verlangen soll durch den §. 1 des Entwurfs Rechnung getragen werden.

Zur Aufhebung oder Herabsetzung der festen Bergwerkssteuer (redevance fixe), welche den Charakter einer auch in anderen Staaten (Oesterreich, Bayern, Sachsen rc.) bestehenden Feldessteuer hat, liegt keine Veranlassung vor, indem hierauf gerichtete Wünsche nicht laut geworden sind und im Uebrigen der Jahresbetrag dieser Abgabe von 10 Franken für das Quadratkilometer (Art. 34 des Berggesetzes vom 21. April 1810) oder 10 Centimen für den Hektar nicht als eine den Bergbau belästigende Auflage angesehen werden kann. Andererseits ist dieselbe nicht ungeeignet, um einer Feldessperre durch unbenutzt liegende Bergwerksfelder entgegenzuwirken. Der §. 2 des Entwurfs spricht deßhalb die Beibehaltung der festen Bergwerkssteuer aus [1]).

Das Verfahren behufs Ermittelung und Feststellung der verhältnißmäßigen Bergwerkssteuer ist in dem Berggesetze vom 21. April 1810 selbst nicht geregelt, sondern beruht wesentlich auf dem Kaiserlichen Dekrete vom 6. Mai 1811, welches eine besondere Kommission aus Beamten und Bergwerksbesitzern behufs der jährlich vorzunehmenden Einschätzung des steuerpflichtigen Reinertrages der Bergwerke anordnet. Diese Einrichtung hat sich bei dem Systeme der Nettobesteuerung als zweckmäßig erwiesen und ist deßhalb im §. 3 des Entwurfs beibehalten.

Die hier vorgeschlagene Zusammensetzung der Kommission entspricht der desfallsigen Anordnung in der Bekanntmachung des Oberpräsidenten von Elsaß-Lothringen vom 24. August 1872 [2]) und wird beizubehalten sein, da sie hinreichende Garantie bietet, ohne den weitläuftigen Apparat herbeizuführen, welchen der Artikel 24 des Dekrets vom 6. Mai 1811 fordert.

Im Uebrigen kann das Verfahren behufs Ermittelung und Feststellung der verhältnißmäßigen Bergwerkssteuer wesentlich vereinfacht und namentlich auch die Zwischenkommission in Wegfall gebracht werden, welche nach Artikel 18 ff. des vorbezeichneten Dekrets die Vorarbeiten für die Einschätzungskommission zu liefern hat.

Es empfiehlt sich, alle desfallsigen Ausführungsbestimmungen einer Instruktion vorzubehalten, welche nach dem Vorschlage im §. 6

1) Auch das Zuschlagszehntel mußte beibehalten werden, weil dieser Steuerzuschlag allgemein erhoben wird und nicht einseitig nur bei den Bergwerkssteuern in Wegfall kommen konnte.

2) Vergl. Jahrgang XIII (1872) der Zeitschrift für Bergrecht S. 328.

des Entwurfs von dem Oberpräsidenten zu erlassen sein wird. Wie seither, so wird auch künftig die Feststellung des steuerpflichtigen Reinertrages der Bergwerke departements- resp. bezirksweise zu erfolgen haben, so daß für die drei Bezirke von Elsaß-Lothringen je eine Kommission gebildet wird.

Der Artikel 35 des Berggesetzes vom 21. April 1810 gestattet die Bewilligung von Steuerabonnements an Stelle der verhältnißmäßigen Bergwerkssteuer. Die Ausführungsvorschriften hierzu sind theils in dem mehrerwähnten Dekrete vom 6. Mai 1811 (Artikel 31 bis 35), theils in dem Kaiserlichen Dekrete vom 27. Juni 1866 [1]) enthalten.

Die Bewilligung von Abonnements ist unter Umständen zweckmäßig, weßhalb dieselbe nach dem Vorschlage im §. 4 des Entwurfs auch künftig zu gestatten sein wird. Die näheren Bestimmungen hierüber werden aber ebenfalls der Ausführungsinstruktion vorzubehalten sein, zumal die seither in Frankreich angewandten Grundsätze sich zum Theil nicht als sachgemäß erwiesen haben.

Für die Ausschreibung und Erhebung der Bergwerkssteuern bedarf es besonderer Vorschriften nicht, vielmehr genügt im Anschluß an die bestehende Einrichtung der Hinweis auf die desfallsigen, die direkten Steuern betreffenden Vorschriften, wie dies im §. 5 des Entwurfs geschehen ist."

---

1) Vergl. Jahrgang VIII (1867) der Zeitschrift für Bergrecht S. 458.

Bonn, Druck von Carl Georgi.

FSC
www.fsc.org
MIX
Papier | Fördert gute Waldnutzung
FSC® C083411

Kolibri 360 GmbH
Ferdinand-Jühlke-Straße 7
99095 Erfurt, Deutschland
produktsicherheit@kolibri360.de